eXamen.press

eXamen.press ist eine Reihe, die Theorie und Praxis aus allen Bereichen der Informatik für die Hochschulausbildung vermittelt.

Axel Böttcher

Rechneraufbau und Rechnerarchitektur

Mit 70 Abbildungen und 19 Tabellen

 Springer

Axel Böttcher
Fakultät für Informatik und Mathematik
Fachhochschule München
Lothstr. 34
80335 München
ab@cs.fhm.edu
http://www.cs.fhm.edu/~boettcha/

Bibliografische Information der Deutschen Bibliothek
Die Deutsche Bibliothek verzeichnet diese Publikation in der Deutschen
Nationalbibliografie; detaillierte bibliografische Daten sind im Internet über
http://dnb.ddb.de abrufbar.

ISSN 1614-5216
ISBN-10 3-540-20979-4 Springer Berlin Heidelberg New York
ISBN-13 978-3-540-20979-9 Springer Berlin Heidelberg New York

Springer ist ein Unternehmen von Springer Science+Business Media
springer.de

© Springer-Verlag Berlin Heidelberg 2006

Satz: Druckfertige Daten des Autors
Herstellung: LE-TeX, Jelonek, Schmidt & Vöckler GbR, Leipzig
Umschlaggestaltung: KünkelLopka Werbeagentur, Heidelberg
Gedruckt auf säurefreiem Papier   33/3100 YL   –   5 4 3 2 1 0

Für Benedikt, Isabella, Lea und Sabine
A.B.

Vorwort

Zu Beginn dieses Buchprojekts fragte ich mich, ob es denn notwendig sei, noch ein Buch über Rechnerarchitektur zu schreiben. Ein Blick in das Literaturverzeichnis dieses Buches zeigt, dass es bereits eine Vielzahl an Büchern über Rechnerarchitektur gibt. Die Menge der vorhandenen Bücher deckt die gesamte Bandbreite ab. Sie erstreckt sich vom Lehrbuch, das eine einsemestrige Vorlesung begleitet [9, 10, 25], über umfangreichere Darstellungen des gesamten Stoffgebiets [17, 24, 28] bis hin zu eher forschungsorientierten Büchern [11, 12].

Das Buch von Hennessy und Patterson [17] ist das Standardwerk zum Thema, das alle relevanten Fragestellungen behandelt. Mit diesem Buch lässt sich weit mehr als nur eine Vorlesung bestreiten. Für Studierende, die sich nicht einem Schwerpunkt der Rechnerarchitektur widmen, kann es als weiterführende Literatur empfohlen werden.

Im Grundstudium des Bachelorstudiengangs Informatik setzen wir am Fachbereich Informatik/Mathematik der Fachhochschule München seit mehreren Jahren MMIX erfolgreich ein. Die von Donald E. Knuth bereitgestellte Software umfasst neben einem einfachen Simulator einen zweiten Simulator, der den Prozessor unter Berücksichtigung aller Gegebenheiten einer modernen Prozessorarchitektur simuliert. Mehr noch, er ist so konfigurierbar, dass er viele verschiedene Alternativen simulieren kann. Er wird deshalb auch als Meta-MMIX-Simulator bezeichnet.

Die Hemmschwelle, in diesen Simulator einzusteigen, ist allerdings recht hoch. Allein zu verstehen, was die etwa 40 Basisparameter bedeuten, erfordert Kenntnisse, die im Grundstudium in der Regel nicht vermittelt werden. Eine weitere Schwierigkeit besteht darin, die Unmenge an Ausgaben zu verstehen, die dieser Simulator produziert und mit denen er seinen momentanen Zustand beschreibt. Ein Doktorand der Universität Stanford hat eine Umgebung zur Visualisierung dieser Ausgaben programmiert [6], die aber leider nicht verfügbar ist.

Nach einem Gespräch mit Donald E. Knuth auf der *Conference on Innovation and Technology in Computer Science Education* im Jahre 2003 entstand die Idee, selbst eine Visualisierung zu schreiben und frei verfügbar zu machen. Als Grundlage dient das mittlerweile weit verbreitete Werkzeug Eclipse. Diese Visualisierung wird seither erfolgreich im Unterricht eingesetzt.

Es ist deutlich erkennbar, dass Knuth das Buch von Hennessy und Patterson genau studiert und die dort beschriebenen Ideen und Konzepte in seinem Meta-Simulator umgesetzt hat. Das vorliegende Buch orientiert sich nach den beiden Grundlagenkapiteln an dem Meta-Simulator und damit indirekt auch an der Darstellung von Hennessy und Patterson, geht dabei jedoch nicht so sehr in die Tiefe. Vielmehr wird versucht, den Zugang zu dem Meta-Simulator zu ebnen und zu eigenen Experimenten anzuregen. So lässt sich der Stoff wesentlich besser verstehen und verinnerlichen.

Aus den Erfahrungen mit dem experimentellen Zugang zur Rechnerarchitektur ist dieses Buch entstanden. Es stellt insofern etwas Neues zu diesem Thema dar.

Zwar gibt es Konzepte, die sich mit dem Meta-Simulator nicht oder nicht vollständig erfassen lassen, wie EPIC-Architekturen und moderne Prozessoren mit mehreren Kernen, jedoch lässt sich mit unserem Ansatz zumindest zeigen, warum diese Wege gegangen werden und was man sich davon versprechen kann.

Die Kenntnis vom MMIX und seiner Assemblersprache ist als Voraussetzung zum Lesen dieses Buches sicher hilfreich. Allerdings muss man die Programme in diesem Buch lediglich verstehen, was einfacher ist als eigene Programme zu schreiben. Der Anhang enthält eine knappe Einführung in MMIX für alle, die mit diesem Prozessor noch nicht oder nicht mehr vertraut sind.

Ich bedanke mich bei allen, die geholfen haben, dieses Buch in die endgültige Form zu bringen. Insbesondere den vielen Hörerinnen und Hörern meiner Vorlesungen zu den Themen Rechnerarchitektur und Rechnertechnik, die viele fehlerhafte Beta-Versionen ertragen mussten. Ferner bei meinem Kollegen Christian Vogt, der das Manuskript gründlich gelesen und viele wichtige Anmerkungen gemacht hat. Für Unterstützung danke ich auch meinen Kollegen Manfred Gruber und Martin Ruckert.

Auf der Webseite www.mmix.de steht Begleitmaterial zum Herunterladen bereit. Insbesondere die Beispielprogramme und Hinweise zur Visualisierungsumgebung, die als Plugin für die freie Plattform Eclipse realisiert wurde.

Triftern und München,   *Axel Böttcher*
Juni 2006

Inhaltsverzeichnis

Kapitel 1

Landschaft der Prozessoren

1

1

1 Landschaft der Prozessoren

1 Landschaft der Prozessoren

Computergesteuerte Geräte haben unseren Alltag längst vollständig durchdrungen. Jedes davon enthält mindestens einen Prozessor. Bekannt sind vor allem die in den Personal Computern eingesetzten Prozessoren von Intel. Meist wird dabei aber übersehen, dass es eine sehr große Anzahl von verschiedenen Prozessoren gibt, die in den Geräten des Alltags eingesetzt werden. Dieses Kapitel soll einen kurzen Überblick darüber geben.

1.1 Prozessortypen

❯ 1.1.1 Personal Computer und ihre Prozessoren

Die Käufer eines Personal Computer (Desktop-Systeme bzw. Arbeitsplatzrechner) sind oft bereit, viel Geld für ein System auszugeben, das dem jeweils aktuellen Stand der Technik entspricht. Die Software-Industrie liefert leistungshungrige Programme, die die entsprechende Leistung der Geräte auch verlangen. Die Prozessor-Hersteller führen einen gnadenlosen Kampf, immer leistungsfähigere Prozessoren zu bauen. Im Bereich der Personal Computer wird oft die Taktfrequenz oder die Cache-Größe der Prozessoren erfolgreich als Verkaufsargument ins Feld geführt.

In einem Personal Computer stecken deutlich mehr Komponenten als nur der Prozessor. Viele Komponenten sind erforderlich, um die geforderten Aufgaben zu erfüllen, etwa Festplatten, Netzwerkanschlüsse und Bussysteme zu bedienen.

Im Einzelnen finden wir in einem modernen Personal Computer folgende Komponenten, deren Zusammenspiel in Abbildung 1.1 gezeigt ist[1]:

— Der Prozessor ist über einen schnellen Bus mit den Komponenten auf der *Hauptplatine* (Main Board oder Mother Board) verbunden. Diejenigen Komponenten, die dem Prozessor zuarbeiten und ihn mit Daten versorgen bezeichnet man als *Chipsatz*.

— Zwischen Prozessor und dem Chipsatz wird seit 1998 der so genannte *Front Side Bus* (FSB) eingesetzt. Wichtig zu wissen ist, dass die Taktfrequenz, mit der dieser Bus betrieben wird, deutlich niedriger ist als die Taktfrequenz, mit welcher der Prozessor arbeitet.

— Der Chipsatz hat so viele Aufgaben zu erfüllen und so viele Geräte und Busse zu bedienen, dass er schon seit langem in zwei Teile geteilt wird: Die North Bridge und die South Bridge. Diese geographischen Bezeichnungen

---

[1] Diese Sicht ist stark an Intel angelehnt.

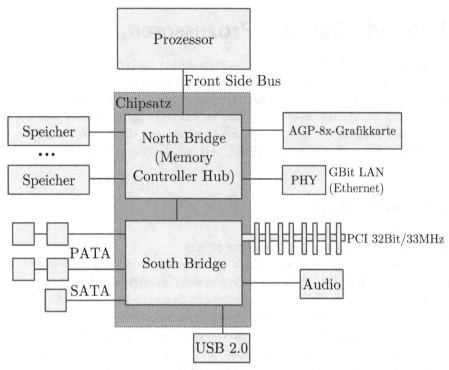

Abbildung 1.1. Komponenten aktueller Personal Computer

sehen den Prozessor im Norden (auf der Landkarte oben gezeichnet; siehe auch Abbildung 1.1).

– Die North Bridge bedient sowohl den Hauptspeicher als auch die Grafikkarte und die physische Schicht (PHY) der Netzwerkkarte. Grafikkarten kommunizieren mit dem Chipsatz über den *Advanced Graphics Port* (AGP). Beim Netzwerk ist das extrem schnelle Gigabit-Ethernet heute Standard.

– Die South Bridge bedient die langsameren Busse und peripheren Geräte; dies sind auch die historisch älteren Komponenten. Dazu gehören die Festplatten an parallelen und neuerdings auch seriellen ATA-Bussen. Ferner die *Peripheral Component Interconnect*-Busse (PCI) und der *Universal Serial Bus* (USB).

Am weitesten verbreitet sind in Personal Computern heute Prozessoren von Intel und AMD, die über den so genannten X86-Befehlssatz verfügen (er wird auch oft mit IA-32 oder i386 bezeichnet). Dies ist der Befehlssatz, den Intel mit dem 80386 eingeführt und seither nicht mehr wesentlich verändert hat. Dieser Befehlssatz ist auch in nachfolgenden Prozessoren von Intel und

AMD implementiert (486, Pentium, Athlon). Eine Ausnahme ist der Itanium-Prozessor, mit dem eine grundlegend neue Architektur und ein neuer Befehlssatz (IA-64) eingeführt wurde.

1.1.2 Embedded Prozessoren

Unter Embedded Systemen versteht man Geräte, die durch einen oder mehrere Prozessoren gesteuert werden, die man aber nicht als Computer bezeichnet. Bei diesen Embedded Systemen finden wir eine ganz andere Situation vor als im Bereich der Personal-Computer-Systeme. Die dort verwendeten Prozessoren (Embeddded Prozessoren) müssen ganz anderen Anforderungen genügen als Prozessoren, die in Desktop-Systemen eingebaut werden:

— Die zur Verfügung stehende elektrische Leistung ist begrenzt. Bei mobilen Geräten wie etwa Telefonen soll die Zeit, die das Gerät mit einer Akku-Ladung betrieben werden kann, möglichst groß sein. Dadurch muss der Bedarf an elektrischer Leistung möglichst gering gehalten werden.

— Der verfügbare Platz ist begrenzt. Prozessoren, die in Chipkarten eingebaut werden, müssen beispielsweise sehr klein sein.

— Für Embedded Prozessoren wollen die Hersteller der Geräte möglichst wenig ausgeben, da ja die verbauten Prozessoren kein im Vordergrund stehendes Marketing- und Verkaufsargument sind wie bei den Desktop-Systemen.

Diese Randbedingungen zu erfüllen ist oft nicht ganz einfach, insbesondere dann, wenn die Anforderungen an Rechenleistung und Speicherplatz groß sind.

Bei den Embedded Prozessoren ist der Integrationsgrad höher, oft umfassen sie mehr als nur den Rechnerkern. Insbesondere sind Memory Controller und Komponenten zur Busansteuerung mit auf dem Prozessor-Chip untergebracht. Prozessoren, mit denen sich die Peripherie ansteuern lässt, heißen *Controller* (oder *Mikro-Controller*). Werden gar keine externen Komponenten mehr benötigt, so spricht man von einem *System-on-a-Chip*. Als starken Kontrast zur Architektur von Personal Computern aus Abbildung 1.1 zeigt die Abbildung 1.2 die Architektur der Playstation Portable (PSP) von Sony nach [14]. Dort ist alles außer dem Hauptspeicher auf einem einzigen hochintegrierten Chip untergebracht.

1.1.3 Signalprozessoren

Signalprozessoren sind Prozessoren, deren Befehlssatz speziell für die Realisierung von Algorithmen der digitalen Signalverarbeitung geeignet ist (siehe dazu Abschnitt 1.3.7). Derartige Prozessoren sind praktisch stets in Embedded Systemen zu finden. In der Regel ist jedoch ein Signalprozessor von einem

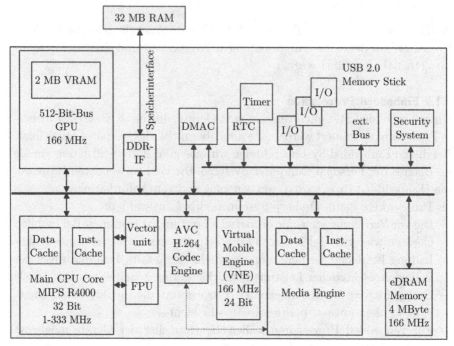

Abbildung 1.2. Architektur von Sonys Playstation Portable gemäß [14]. Mit Ausnahme der 32 MMByte Speicher ist alles auf einem Chip untergebracht (System-on-a-Chip). den Kern bildet ein 32-Bit-MIPS R4000, der je nach Belastung mit einer Taktfrequenz von einem bis 333 MHz betrieben wird

Controller begleitet, der Steuerungsaufgaben übernimmt. Typische Einsatzgebiete sind Mobiltelefone und Hardware für Empfang und/oder Verarbeitung von Videosignalen.

1.1.4 Mehrprozessorsysteme und Supercomputer

Die bisher besprochenen Systeme begegnen uns praktisch überall in unserem Alltag. Daneben gibt es viele Spezialrechner und Supercomputer (Großrechner), die eine extrem hohe Rechenleistung erbringen können. Sie werden häufig von Großforschungseinrichtungen betrieben und verwendet. Diese Supercomputer sind aus vielen Einzelprozessoren der oben genannten Typen aufgebaut. Beispielsweise ist der im Herbst 2005 leistungsfähigste Rechner BlueGene/L von IBM für das Lawrence Livermore National Laboratory in Kalifornien mit 131.072 PowerPC 440-Prozessoren mit 0,7 GHz Taktfrequenz gebaut worden. Er wird für physikalische Simulationen eingesetzt.

Tabelle 1.1. Prozessoren und ihre Haupteinsatzgebiete

Prozessortyp	Einsatzgebiet	Anmerkung
Intel Pentium	Desktop	Mainstream
Intel Itanium	Server/Desktop	64-Bit
AMD Athlon	Desktop	X86-Befehlssatz
AMD Opteron	Server/Desktop	64-Bit
IBM PowerPC	z.B. (noch) Apple Macintosh, Supercomputer	
HP/DEC Alpha	Desktop, Supercomputer	
SUN SPARC	Workstations	
MIPS	Embedded (Chipkarten)	
ARM (Advanced RISC Machine)	PDAs, MP3-Player, Gameboy	Erster RISC (von Acorn) in einem Desktop (1987)
Transmeta Crusoe	Mobile (Notebooks, PDAs, Thin Clients)	Code Morphing
Atmel	MP3-Player sowie div. Embedded Systeme	kostengünstige Controller
TriCore	Siemens	Embedded Controller; synthetisierbar
TI TMS320C64xx	Signalprozessor	Video(de-)codierung
Ajile Systems aj-100	Java Prozessor	Kann Bytecode ausführen

❯ 1.1.5 Einsatzgebiete für Prozessoren

Tabelle 1.1 listet einige Prozessoren und ihre Hauptanwendungsgebiete auf. Die Angaben sind lediglich exemplarisch zu sehen. Es gibt erstens erheblich mehr Prozessoren und zweitens viel mehr Einsatzgebiete.

Übung 1.1.1   In welchen Geräten aus Ihrem Umfeld sind (wahrscheinlich)   1.1.1
Mikrocontroller eingebaut?

1.2 Technologische Randbedingungen

Im Jahr 1970 hat die so genannte VLSI-Technik (*Very Large Scale Integration*) Marktreife erlangt. Die VLSI-Technik erlaubt es, viele Transistoren einschließlich deren Verdrahtung untereinander auf einem einzelnen Siliziumplättchen mit wenigen Quadratzentimetern Größe unterzubringen, dem Chip.

Bis dahin wurden Rechenwerke und Computer durch Verlöten einzelner diskreter Transistoren aufgebaut. Der erste in VLSI-Technik hergestellte Prozessor war der 4004 von Intel, ein vier-Bit-Prozessor bestehend aus 2200 Transistoren. Seither hat diese Technik eine beispiellos rasante Entwicklung durchgemacht. Die Anzahl der Transistoren, die auf einem Chip untergebracht werden können, hat sich während dieses Zeitraums etwa alle zwei Jahre verdoppelt. Der Intel-Mitbegründer Gordon Moore hatte diese Entwicklung bereits 1970 vorausgesagt. Sie ist als das *Mooresche Gesetz* bekannt. Abbildung 1.3 verdeutlicht die Entwicklung anhand einer Grafik.

Die kleinsten Strukturen, die auf einem Chip erzeugt werden, messen weniger als 100 nm (Nanometer), also weniger als 10^{-7} Meter.

Ein damit verbundenes Problem ist, dass die Leistungsaufnahme der Prozessoren ebenso exponentiell mitwächst. Steigende Leistungsaufnahme bedeutet höheren Stromverbrauch. Dieser ist unerwünscht, weil er die Akkulaufzeit mobiler Geräte (Telefone, Notebooks) verkürzt. Ein weiterer gravierender Nachteil ist die damit verbundene Umweltbelastung. Man kann davon ausgehen, dass etwa 10% der erzeugten elektrischen Energie von IT-Systemen verbraucht wird. Eine höhere Leistungsaufnahme ist auch mit höherer Abwärme verbunden. Diese Abwärme muss durch Kühlsysteme abgeführt werden, denn sonst würden die Prozessoren durch Überhitzung zerstört.

Die Leistungsaufnahme von Prozessoren hängt allerdings nicht nur von der Transistorzahl ab, sondern auch von der Höhe der Versorgungsspannung und der Taktfrequenz, mit der ein Prozessor betrieben wird. Sehr vereinfacht gesprochen, gilt nach [26] folgender Zusammenhang für die Leistungsaufnahme. Wir betrachten nur denjenigen Anteil, der aus dem Schalten der Transistoren resultiert[2]:

$$P \propto U^2 \cdot A \cdot C \cdot f$$

Diese Formel besagt, dass die Leistungsaufnahme P proportional ist zum Produkt aus der Taktfrequenz f, der Aktivität A der Transistoren (nicht alle Transistoren schalten zu jedem Taktschritt), der kapazitiven Last C an den Transistorausgängen (die durch die Anschlussleitungen gebildeten Ka-

---

[2]In die Leistungsaufnahme gehen noch andere additive Terme ein, wie etwa Leckströme, die wir hier vernachlässigen.

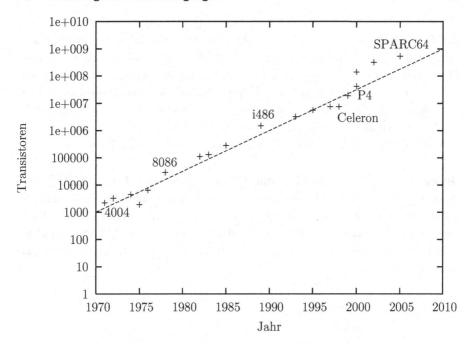

Abbildung 1.3. Entwicklung der Transistorzahlen von Prozessoren der letzten 40 Jahre. Die Ordinate ist logarithmisch skaliert. Die Kreuze entsprechen einzelnen Prozessoren. Die eingezeichnete Gerade zeigt ideales exponenzielles Wachstum an. Das Wachstum der Transistorzahlen ist bislang also etwa exponentiell verlaufen (Verdoppelung alle zwei Jahre)

pazitäten/Kondensatoren müssen bei Schaltvorgängen geladen werden) und dem Quadat der Versorgungsspannung U.

Wachsende Transistorzahlen steigern also die Leistungsaufnahme über den Term C und indirekt auch über die Aktivität A. Leider steigert auch eine Erhöhung der Taktfrequenz die Leistungsaufnahme. Die drastischen Steigerungsraten der Taktfrequenz in den vergangenen Jahren waren nur deshalb möglich, weil es gelungen ist, die Versorgungsspannung immer niedriger zu halten. Das Halbieren von U reduziert die Leistungsaufnahme auf ein Viertel. Unglücklicherweise beeinflusst die Versorgungsspannung die maximal mögliche Takfrequenz negativ. Die Unterscheidung zwischen 0- und 1-Zuständen wird nämlich mit steigender Taktfrequenz und bei sinkender Versorgungsspannung schwieriger.

Zwei Ansätze werden in letzter Zeit immer stärker verfolgt: Einerseits versucht man, gerade nicht benötigte Teile eines Prozessors abzuschalten, was den Term A beeinflusst. Andererseits werden Strategien zur Parallelverarbeitung verfolgt. Die Idee basiert auf der theoretischen Überlegung, dass zwei parallele Einheiten, die mit einer Taktfrequenz f betrieben werden, dieselbe Arbeit leisten können wie eine Einheit, die mit $2f$ betrieben wird. Das führt zum Konzept der Superskalarität (siehe Kapitel 4) und zu Prozessoren mit zwei oder mehr Kernen (siehe Kapitel 9). In der Praxis bewahrheitet es sich zwar nicht, dass zwei mit Taktfrequenz f betriebene Einheiten das Gleiche leisten können wie eine mit $2f$ betriebene. Dennochist es unausbleiblich, immer ausgefeiltere Konzepte zur Parallelarbeit zu entwickeln.

1.2.1   **Übung 1.2.1** Ein moderner Pentium-Prozessor (Pentium 4 mit 3 GHz Taktfrequenz) besitzt eine Chipfläche von etwa $1,5$ cm^2 und hat eine Leistungsaufnahme von etwa 120 Watt. Vergleichen Sie die Wärmeentwicklung des Prozessors mit der einer Herdplatte, unter der Annahme, dass $2/3$ der vom Prozessor aufgenommenen Leistung als Verlustwärme über Kühleinrichtungen abzuführen sind.

1.3 Befehlssätze

Der Befehlssatz eines Prozessors ist sein markantestes von außen wahrnehmbares Merkmal. Alle Programme müssen auf die möglichen Befehle zurückgreifen. Zur Beschreibung eines Befehlssatzes ist es wichtig, die verfügbaren Register des Prozessors zu kennen sowie die einzelnen Befehle und wie sie die Registerinhalte manipulieren. Die Gesamtheit aus Befehlssatz und verfügbaren Registern nennt man *Programmiermodell*.

❯ 1.3.1 Grundlegende Eigenschaften von Befehlssätzen

Register sind die schnellsten speichernden Elemente eines Prozessors. Jedes Register kann eine bestimmte Anzahl an Bits speichern, im Extremfall nur ein einzelnes. An nahezu allen Operationen eines Prozessors ist wenigstens ein Register beteiligt. Frühere Prozessoren verfügten über sehr wenige Register. Ursprünglich wurden so genannte *Akkumulatormaschinen* gebaut. Diese haben für alle arithmetischen und logischen Operationen nur ein Register zur Verfügung, den *Akkumulator*. Dieses Register ist implizit immer ein an einer Operation beteiligter Operand sowie Ziel für das produzierte Ergebnis. Der zweite Operand ist entweder ein Direktoperand oder ein Speicheroperand (siehe Abbildung 1.4). Davon ausgehend hat sich eine Vielzahl von unterschiedlichen Strukturen entwickelt. Um Befehlssätze verstehen zu können, müssen wir uns mit folgenden Punkten beschäftigen:

— Über welche Register ein Prozessor verfügt und wie diese verwendet werden.
— Woher ein Befehl seine Operanden bezieht und wohin er das Ergebnis schreibt.
— Über welche Adressierungsarten ein Prozessor verfügt, d.h. woraus sich die Adressen für Speicherzugriffe ergeben und wie diese gebildet werden.
— Wie die einzelnen Befehle aussehen.

Diese Fragen werden in den folgenden Abschnitten behandelt.

❯ 1.3.2 Registersätze und Programmiermodell

Gegenüber den Akkumulatormaschinen verfügen moderne Prozessoren über eine Vielzahl von Registern. Diese können meist auch wesentlich universeller verwendet werden als der Akkumulator.

Grundsätzlich sind allgemein verwendbare Register zu unterscheiden und solche, die einem bestimmten Zweck dienen oder bestimmten Aufgaben vorbehalten sind. Allgemein verwendbare Register heißen auch *General Purpose Register*, kurz GPR. Bei MMIX gehören dazu die Register \$0 bis \$255. Das Register \$255 wird dazu gezählt, obwohl es dazu dient, Parameter an Betriebssystemaufrufe zu übergeben. In der Praxis sind nicht immer alle Register, die als General Purpose Register bezeichnet werden, auch wirklich vollkommen universell verwendbar. Oft wird zwischen Registern für ganzzahlige Werte und solchen für Gleitkommawerte unterschieden, gelegentlich auch solche für Adressen. Dennoch zählen diese zu den GPR. Bei MMIX kann jedes Register sowohl für ganze Zahlen als auch für Gleitkommazahlen und für Adressen verwendet werden.

Die Menge aller möglichen Spezialregister aufzuzählen ist unmöglich und auch nicht sonderlich interessant. Es sollen hier Möglichkeiten genannt werden, die häufig vorkommen:

— Ein *Befehlszähler* (Program Counter, kurz PC) muss immer vorhanden sein. Er wird indirekt von jedem Befehl beeinflusst. Die Sprungbefehle überschreiben ihn explizit.

— Um Unterprogrammaufrufe realisieren zu können, muss immer ein Stack vorhanden sein. Häufig verfügen Prozessoren über ein oder mehrere spezielle Register, so genannte *Stackpointer*, die das aktuelle Ende des Stack anzeigen. Diese Register können oft indirekt über spezielle Push- und Pop-Operationen beeinflusst werden.

— In einem *Statusregister* gibt jedes Bit Auskunft über einen bestimmten Aspekt des aktuellen Prozessorzustands.

— Manche Prozessoren verfügen über spezielle *Indexregister* die ausschließlich für Adressrechnungen verwendet werden können.

1.3.1   **Übung 1.3.1**

1. Wie kann der Befehlszähler von MMIX ausgelesen werden?
2. Welche der obigen speziellen Registertypen kommen bei MMIX vor und welche nicht?

❯ **1.3.3 Unterscheidung von Befehlssätzen nach Registerbreite**

Häufig findet man eine Unterscheidung von Prozessoren anhand der Breite ihrer Register vor: 32 und 64-Bit-Prozessoren (früher auch acht- und 16-Bit-Prozessoren). Allgemein besitzen n-Bit-Prozessoren Register mit je n-Bit Breite. Damit besitzen sie in der Regel auch ebenso breite Daten- und Adressbusse. Sie können damit 2^n Byte Speicher adressieren und transferieren in jedem Speicherzugriff maximal n Bits.

Der Übergang von 16 auf 32 Bit hat sich Anfang bis Mitte der 1980er Jahre vollzogen. Der Übergang von 32 zu 64 Bit läuft etwa seit Anfang der 1990er Jahre. Hauptnachteil der 32-Bit-Prozessoren ist der beschränkte Adressraum von vier Gigabyte adressierbarem Speicher.

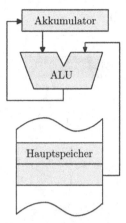

Abbildung 1.4. Akkumulatormaschine. Das Akkumulatorregister (kurz: Akkumulator) ist stets Quelle eines Operanden sowie Ziel für das Ergebnis einer Operation der ALU

Im PC-Bereich waren bislang 32-Bit-Prozessoren von Intel und AMD üblich. Für Server geht Intel neue Wege mit einem komplett neuen Befehlssatz der Itanium-Prozessoren. AMD baut in die Opteron-Prozessoren lediglich 64-Bit-Erweiterungen ein (AMD64). Um Kompatibilität mit der großen Menge vorhandener 32-Bit-Software zu bewahren, können die 64-Bit-Prozessoren den 32-Bit-Code ausführen (die Itanium-Prozessoren allerdings recht langsam, weil sie die 32-Bit-Befehle emulieren). Nach AMD hat auch Intel 64-Bit-Erweiterungen für seine 32-Bit-Prozessoren eingeführt (*Enhanced 64-Bit Memory Technology*, kurz EM64T). Als Oberbegriff hat sich mittlerweile die Bezeichnung x64 bzw. x86-64 eingebürgert [43].

1.3.4 Angabe von Operanden und Ergebnis

Als weiteres wichtiges Unterscheidungskriterium für Befehlssätze wird angegeben, woher die Befehle ihre Operanden beziehen und wohin sie ihr Ergebnis schreiben. Bei den ältesten Prozessoren, den Akkumulatormaschinen, muss in einem Befehl nur ein einziger Operand spezifiziert werden. Ein Befehl wie
ADD d
würde etwa bewirken, dass der Inhalt der mit d bezeichneten Speicherstelle zum Wert des Akkumulatorregisters hinzu addiert wird. Diese Situation zeigt Abbildung 1.4. Beispielsweise handelt es sich bei den Prozessoren 6800 von Motorola und dem 6502 von MOS Technologies, der im berühmten Commodore C64 zum Einsatz gekommen ist, um Akkumulatormaschinen.
Die Akkumulatormaschinen wurden bald durch Prozessoren mit mehreren allgemein verwendbaren Registern abgelöst. Frühere Prozessoren verfügten allerdings noch über sehr wenige Register. Viele Befehle, die zwei Operan-

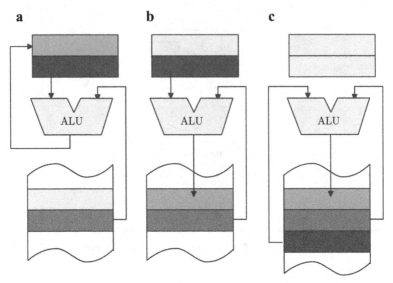

Abbildung 1.5. Register-Speicher-Befehle. **a** Je ein Operand kommt aus einem Register und dem Hauptspeicher, das Ergebnis wird in ein Register geschrieben. **b** Gegenüber Fall a wird das Ergebnis in den Hauptspeicher übertragen. **c** Beide Operanden sowie das Ergebnis liegen im Speicher. Nicht gezeigt ist die Variante, bei der beide Operanden aus Registern kommen, aber das Ergebnis in den Hauptspeicher geschrieben wird

den benötigen und ein Ergebnis erzeugen, müssen dann Operanden aus dem Hauptspeicher laden bzw. das Ergebnis in den Speicher schreiben können, oder beides. Solche Befehle heißen *Register-Speicher-Befehle* (auch Register-Memory-Befehle).

Diese Befehlsarten sind in Abbildung 1.5 veranschaulicht.

Wie wir später sehen werden, lassen sich Register-Memory-Befehle schlecht fließbandartig auf Pipelines ausführen. Da Speicherzugriffe immer auch eine Adressberechnung beinhalten, sind zu deren Ausführung implizit auch mehrere arithmetische Operationen erforderlich. In modernen Befehlssätzen werden solche Befehlsarten daher gar nicht mehr vorgesehen. Die Alternative besteht nämlich darin, getrennte Befehle für Speicherzugriffe und für arithmetische oder logische Operationen vorzusehen. Man unterscheidet *Register-Register-Befehle* und *Load-Store-Befehle*. Die Load-Store-Befehle übernehmen lediglich den reinen Transport von Daten zwischen Hauptspeicher und Registern. Operationen mit den Daten werden von Register-Register-Befehlen ausgeführt und zwar ausnahmslos zwischen Registern. Diese Befehlsarten sind veranschaulicht in Abbildung 1.6.

Die Entscheidung, auf komplizierte Register-Memory-Befehle zu verzichten, ist so gravierend und beeinflusst den Prozessorentwurf so stark, dass Prozes-

a **b**

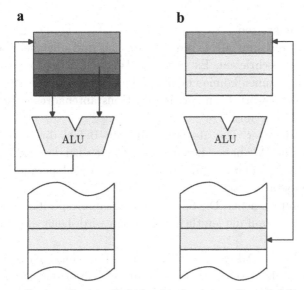

Abbildung 1.6. a: Register-Register-Befehl und b: Load- bzw. Store-Befehl

soren danach unterschieden werden, ob sie solche Befehle besitzen oder nicht. Prozessoren, die Register-Memory-Befehle ausführen können bezeichnet man als *Complex Instruction Set Computers*, kurz CISC. Im Gegensatz dazu können Prozessoren mit *Reduced Instruction Set Computers* nur Register-Register- bzw. Load-Store-Befehle ausführen.

Wir werden später noch weitere Unterscheidungsmerkmale zwischen RISC und CISC Maschinen kennen lernen. Die hier besprochenen Merkmale werden auch oft zur Unterscheidung verschiedener Architekturen herangezogen. Man unterscheidet die *Register-Memory-Architektur* und die *Load-Store-Architektur* (auch Register-Register-Architektur).

Die Beschränkung auf RISC-Befehle vereinfacht die Befehlsausführung so stark, dass keine neuen Befehlssätze mehr vorgeschlagen werden, die komplexe CISC-Befehle enthalten. Stark vertreten finden sich diese Befehle heute hauptsächlich noch bei den Prozessoren von Intel und AMD, die X86-Programme ausführen können. Dies ist aber eine rein wirtschaftliche Entscheidung und keine technische. Für diese Befehlssätze wurde mittlerweile so viel Anwendungssoftware geschrieben, dass ständig Prozessoren gefordert werden, die in der Lage sind, diese Software auch auszuführen.

Intel, AMD und Transmeta treiben erheblichen Aufwand, um die CISC-Befehle intern auf RISC-artige Befehle abzubilden, so genannte RISC86-Befehle. Diese werden dann auf einer Load-Store-Architektur ausgeführt. Darauf werden wir im Abschnitt 4.10.1 noch näher eingehen.

◉ 1.3.5 Adressierungsarten

Adressierungsarten sind in [4] sehr ausführlich und allgemein sowie in [1] MMIX-spezifisch beschrieben. Es gibt grundsätzlich drei Möglichkeiten, von wo Operanden kommen können oder wo ein Ergebnis abzulegen ist:

1. Aus dem Befehlswort. Man spricht von Konstantenadressierung oder Immediater Adressierung.
2. Aus einem Register. Das Register muss im Befehl direkt oder indirekt angegeben sein. Wir haben bereits gesehen, dass bei den Akkumulatormaschinen derAkkumulator immer implizit einen Quelloperanden liefert und Ziel einer Operation ist.
3. Aus dem Hauptspeicher. Die Speicheradresse muss spezifiziert werden. Die Speicheradresse, auf die letztlich zugegriffen wird, heißt *effektive Adresse*.

Da heute mit langen Adressen von 32 oder 64 Bit Länge gearbeitet wird, ist es unüblich, eine effektive Adresse direkt im Befehlswort anzugeben. Bei MMIX mit seinen 64-Bit-Adressen und 32-Bit-Befehlsworten ist es sogar unmöglich[3]. Die Adresse muss dann immer aus Werten in Registern gebildet werden. Tabelle 1.2 gibt einen Überblick über Adressierungsarten. Frühe Mikroprozessoren verfügten über viele Adressierungsarten, um die Operanden effizient aus dem Speicher zu beschaffen.

1.3.2   **Übung 1.3.2** Wie lässt sich absolute Speicheradressierung und indiziert Speicher-relative Adressierung mit MMIX nachbilden?

◉ 1.3.6 Befehlsformate

Wir haben in den vorigen Abschnitten gesehen, dass in einem Befehl, der auf einer Akkumulatormaschine ausgeführt werden kann, nur ein Operand angegeben wird. Der zweite Operand ist stets implizit das Akkumulatorregister. Ebenso wird das Ergebnis eines Befehls stets in das Akkumulatorregister geschrieben. In diesem Fall spricht man von *Ein-Adress-Befehlsformat*. Dies ist die älteste Form, Befehle zu spezifizieren.

---

[3]Die so genannte Zero-Page-Adressierung wird heute praktisch nicht mehr verwendet und hier nicht weiter betrachtet. Dabei ließen sich effektive Adressen mit einer maximalen Länge von 8 oder 16 Bit im Befehlswort direkt angeben.

Tabelle 1.2. Verschiedene Adressierungsarten, die sich in Prozessoren finden. Bei MMIX sind nicht alle davon verfügbar

Bezeichnung	MMIX	sonstige Schreibweise	Beschreibung
Konstantenadressierung	ADD $1,$1,10	ADD R1,10	Direktoperand im Befehlswort
Registerdirekte Adressierung	ADD $0,$1,$2	ADD R1,R2	Verwendet Register, die explizit im Befehlswort angegeben sind
Registerindirekte Adressierung	≈ LDO $0,$255,0	MOV reg1,[reg2]	Effektive Adresse befindet sich in einem Register
Absolute Speicheradressierung	—	MOVE reg1,Mem	Effektive Speicheradresse ist Teil des Befehlswortes
Indiziert Speicher-relative Adressierung	—	MOVE reg1,[reg2+mem]	Effektive Adresse ist Summe aus Registerwert + aus Speicher gelesener Wert
Indiziert Register-relative Adressierung	LDO $0,$255,$1	MOVE R1,[R2,R3]	Summe zweier Registerinhalte liefert die Effektive Adresse
Indiziert Register-relative Adressierung mit Index	LDO $0,$255,8	MOVE R1,[R2,Off]	Effektive Adresse=Registerinhalt + Konstante
Programmzähler relative Adressierung	JMP @+12	MOVE R1,[PC,offset]	Effektive Adresse Effektive Adresse=PC+Offset

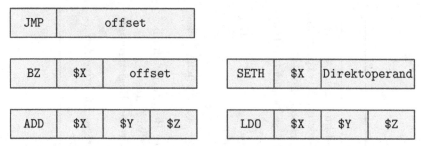

Abbildung 1.7. Beispiele für die Codierung von MMIX-Befehlen. Es gibt Befehle mit einem, zwei und drei Operanden. Allen gemeinsam ist das feste Befehlsformat mit vier Bytes, davon ein Byte für den Befehlscode.

Mit Abkehr von den recht einfachen Akkumulatormaschinen hat sich zunächst das *Zwei-Adress-Befehlsformat* eingebürgert. Dabei werden im Befehl beide Operanden angegeben, aber einer der Operanden wird mit dem Ergebnis überschrieben.

`ADD  A,B`

bedeutet `A←A+B`. Dieses Befehlsformat verwendet der X86-Befehlssatz hauptsächlich.

Bei Maschinen mit vielen allgemein verwendbaren Registern ist es nicht mehr sinnvoll, Operanden implizit vorzugeben. Moderne Befehlssätze – wie auch der Befehlssatz von MMIX – verwenden das so genannte *Drei-Adress-Befehlsformat*. Dort können separate Register für beide Operanden sowie für das Ergebnis spezifiziert werden.

Die Befehle und ihre Operanden müssen in maschinenlesbarer Form codiert werden. MMIX hat ein festes Befehlsformat mit vier Bytes je Befehl. Dabei ist das erste Byte der Befehlscode (Opcode) und die folgenden drei Byte spezifizieren die Operanden. Es gibt Befehle mit einem, zwei oder drei Operanden. Siehe Abbildung 1.7.

Dieses feste Befehlsformat hat den Vorteil, dass die Befehle sehr leicht zu verarbeiten sind. Alle Befehlscodes sind gleich lang und Befehle beginnen im Speicher immer an durch vier teilbaren Adressen. Ferner sind die geladenen Befehle leicht decodierbar, da die Operanden immer an der gleichen Position im Befehlswort angegeben sind. Moderne Befehlssätze werden daher mit einem solchen festen Format codiert.

Im Gegensatz dazu gibt es Befehlssätze mit variablem Befehlsformat. Das prominenteste Beispiel ist wieder der X86-Befehlssatz. Die kürzesten Befehle sind nur ein Byte lang und die längsten können über 16 Bytes lang sein. Der Befehlscode kann von acht bis 16 Bit Länge variieren. Konkret bedeutet das: Falls im Opcode zuerst der hexadezimale Wert 0x0F steht, so folgt ein weiteres Byte, das den Opcode spezifiziert. Andernfalls folgt der erste Operand. Diese komplizierten Regeln muss der Decoder berücksichtigen. Beim Laden der Befehle aus dem Speicher und beim anschließenden Decodieren müssen auch die Grenzen zwischen den Befehlen festgestellt werden. Dazu ist es erforderlich, den Befehlscode zu kennen. Da dessen Länge variabel ist, ist bereits dieser Schritt aufwändig.

Diese Komplexität des Befehlsformats ist ein weiteres Argument, das gegen den Einsatz von derartigen CISC-Befehlssätzen spricht.

Übung 1.3.3 Fassen Sie kurz die Unterschiede zwischen RISC- und CISC-Befehlssätzen zusammen.   **1.3.3**

⊗ 1.3.7 Befehlstypen

An dieser Stelle soll keine Auflistung aller möglichen Befehle in allen bislang implementierten Befehlssätzen erfolgen. Hier gehen wir lediglich auf Besonderheiten und wichtige Spezialbefehle ein. Nicht separat abhandeln wollen wir insbesondere folgende – als bekannt vorausgesetzten – Arten von Befehlen:

- Arithmetische und logische Befehle für ganze Zahlen (bei MMIX gehören dazu Befehle wie ADD, SUB, AND etc.).
- Gleitkommabefehle für Arithmetik mit Gleitkommazahlen (FADD, FMUL etc.).
- Befehle für den Speicherzugriff (dies sind etwa LDO, LDB oder STO und STB bei MMIX).
- Bedingte und unbedingte Sprungbefehle (dazu gehören JMP, BZ oder PBNZ bei MMIX, ebenso wie dessen Befehle zum Aufruf von Unterprogrammen: PUSHJ und POP).

MMIX dient hier lediglich als Beispiel und die genannten Befehle stehen stellvertretend auch für die Befehle anderer Prozessoren.

Im Folgenden listen wir einige Klassen von Befehlen auf, die in Grundlagenvorlesungen nicht unbedingt besprochen werden, denen aber dennoch eine große Bedeutung zukommt.

⊗ Bedingte Befehle

In modernen Befehlssätzen finden sich zunehmend so genannte *Bedingte Befehle*. Darunter versteht man Befehle, die in Abhängigkeit von einer Bedingung ausgeführt oder nicht ausgeführt werden. Als Befehle für bedingte Sprünge (BZ, BEV etc.) sind solche Befehle selbstverständlich in jedem Befehlssatz vorhanden. Hier sind Befehle in der Art gemeint, wie: „addiere, falls die Bedingung xy erfüllt ist" Ziel der Bedingten Befehle ist stets, bedingte Sprünge zu vermeiden.

MMIX bietet die Bedingten Befehle Conditional Set CSxx und Zero or Set ZSxx, wobei xx für eine der von den bedingten Sprüngen her bekannten Bedingungen steht. Der Befehl CSxx $X,$Y,$Z setzt $X zu $Z, falls $Y die angegebene Bedingung erfüllt. Ansonsten lässt er $X unverändert. Der Befehl ZSxx $X,$Y,$Z setzt demgegenüber das Register $X andernfalls zu null. In vielen Fällen lassen sich dadurch Verzweigungen vermeiden. Wir betrachten beispielsweise folgendes Struktogramm:

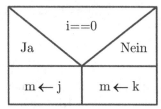

Das effizienteste MMIX-Programm dazu lautet:

```
SET    m,j
CSNZ   m,i,k
```

In diesem Zweizeiler wird m mit dem Wert von j vorbelegt, so als würde der linke Zweig ausgeführt. Nur, falls diese Belegung falsch ist, wird m mit k überschrieben. Es ist hier also keine bedingte Verzweigung erforderlich. Ohne Unterbrechung des Programmflusses laufen immer zwei Befehle durch die Pipeline. Einer davon wird unnötigerweise ausgeführt, aber das lässt sich nicht vermeiden.

Das IA-64-Programmiermodell kennt 64 Ein-Bit-Register p0...p63, die so genannten *Predication Register*. Alle Vergleichsbefehle schreiben das Ergebnis des Vergleichs in eines dieser Register. Die Ausführung jedes Befehls kann von jedem Predication Register abhängig gemacht werden. Beispiel:

```
     cmp.eq   p6,p0=r33,r32
(p6) add      r34,r35
```

Hier vergleicht der erste Befehl die Register r32 und r33 miteinander. Das Ergebnis des Vergleichs wird in Predication Register p6 abgelegt und das Komplement in p0[4]. Die folgende Addition wird nur ausgeführt, wenn p6 den Wert eins enthält.

Wir werden in Abschnitt 3.2.3 sehen, wie bedingte Sprungbefehle die Befehlsausführung beschleunigen können. Optimierende Compiler verwenden Bedingte Befehle, wo immer möglich.

---

[4]Das Predication Register p0 ist immer null und kann nicht überschrieben werden. Es müssen bei dem Vergleichsbefehl aber zwei Register für den Wert und sein Komplement angegeben werden.

⊗ Nicht-unterbrechbare Befehle

Multitasking-Betriebssysteme müssen die Möglichkeit bieten, einzelne Prozesse zu synchronisieren, wenn diese auf gemeinsame Ressourcen zugreifen. Im einfachsten Fall kommunizieren zwei Prozesse über eine Variable im Speicher, zu der beide Prozesse Zugriff haben. Wir betrachten als Beispiel den Kontostand eines Kunden, der von der Software einer Bank verwaltet wird [1]. Er kann einerseits durch Auszahlungen am Bankautomaten und andererseits durch automatische Zinsgutschriften verändert werden. Bei einer Zinsgutschrift wird der Kontostand aus dem Speicher in ein Register geladen und die Zinsen werden berechnet und hinzuaddiert. Anschließend wird das Ergebnis zurück in den Speicher geschrieben. Findet dieser Vorgang parallel mit dem Abheben am Bankautomaten statt, so kann Folgendes geschehen: Der Prozess zur Zinsgutschrift wird vom Betriebssystem nach dem Holen des Kontostandes unterbrochen; der Bankautomat liest den Kontostand ebenfalls in ein Register, subtrahiert den abgehobenen Betrag und schreibt das Ergebnis zurück in der Speicher, noch bevor der andere Prozess weiter läuft und die Zinsberechnung fertig stellt. Als Nächstes läuft der erste Prozess weiter, schreibt den alten Kontostand plus Zinsen zurück in den Speicher und ersetzt dort das Ergebnis der Subtraktion.

Der erste Lösungsansatz besteht darin, eine weitere Variable zu benutzen, um den Zugriff auf den Kontostand abzusichern. Ein Prozess kann diese Variable lesen. Ist sie 0, so hat bereits ein anderer Prozess Zugriff auf den Kontostand, und der Prozess muss warten. Ist sie hingegen 1, so ist der Kontostand verfügbar. Man setzt sofort die Kontrollvariable auf 0, arbeitet mit dem Kontostand und setzt dann die Kontrollvariable wieder auf 1.

Aber diese Vorgehensweise löst das Problem nicht! Es wurde lediglich das Problem des unsynchronisierten Zugriffs auf den Konstostand verlagert: Nun muss der Zugriff auf die Kontrollvariable synchronisiert werden. Dazu könnte man eine weitere Kontrollvariable verwenden usw.

Der Kern des Problems besteht in der Möglichkeit einer Unterbrechung (Kontextwechsel) eines Prozesses durch das Betriebssystem nach dem Lesen der Kontrollvariablen und vor dem Zurückschreiben des aktualisierten Wertes. Um das Problem zu lösen, haben alle modernen Prozessoren mindestens einen Befehl, der das Lesen, Ändern und Schreiben erlaubt und nicht unterbrochen werden kann. Man spricht oft auch von *atomaren Befehlen* oder von *Test-And-Set-Befehlen* auch von *Read-Modify-Write-Befehlen.*

Beim MMIX ist ein solcher atomarer Befehl der CSWAP-Befehl (Compare and Swap), der in einer einzigen, unteilbaren und ununterbrechbaren Instruktion einen Test, einen Lesezugriff und einen Schreibzugriff implementiert. Mit dieser Instruktion kann in obigem Beispiel die Kontrollvariable für den Kontostand auf den Wert 0 getestet werden und im Fall, dass sie diesen Wert hat, sofort auf 1 gesetzt werden.

Folgendes MMIX-Programm veranschaulicht den Zugriff auf eine Kontrollvariable, den so genannten *Semaphor*:

─────────────────────── semaphor.mms ───────────────────────

```
1            LOC    Data_Segment
2 SEMA       OCTA   1
3
4 semReg     IS     $1
5            LOC    #100
6 Main       PUT    rP,0
7            SET    semReg,1
8            CSWAP  semReg,SEMA
9            BZ     semReg,wait
```

In diesem Beispiel sei vereinbart, dass der kritische Abschnitt frei ist, wenn die Semaphorvariable den Wert 1 hat. Der Befehl CSWAP testet dies und setzt die Semaphorvaiable ggf. auf den Wert 0. Liefert der Befehl 0 zurück, so ist der kritische Abschnitt nicht frei und das Programm muss warten, bis er frei wird.

Solche Synchronisationsprobleme treten häufig auf. Java verfügt über ein eigenes Synchronisationskonzept [27]. Die Steuerung erfolgt über das Schlüsselwort **synchronized**.

⊘ **Vektorbefehle**

Mit Intels so genannten *Multimedia Extensions* (kurz MMX – nicht zu verwechseln mit MMIX) hat 1996 eine Art von Befehlen in die Mikroprozessoren Einzug gehalten, die es vorher nur auf Großrechern gab, nämlich die Vektorbefehle. Dies sind Befehle, mit denen eine Operation auf mehrere Operanden bzw. Paare von Operanden angewandt werden kann. Die MMX-Befehle betrachten einen 64-Bit-Wert als Vektor bestehend aus

— acht unabhängigen Bytes (Packed Bytes) oder
— vier unabhängigen zwei-Byte-Werten (Wydes; Packed Words) oder
— zwei unabhängigen vier-Byte-Werten (Tetras; Packed Double-Words) oder
— einem acht-Byte-Wert (Octa; Quad-Word)

Arithemtische Operationen wirken auf jedes Vektorelement unabhängig von den anderen Elementen. Bei einer Vektor-Addition tritt also kein Überlauf (Carry) von einem Element in das nächste auf, wie es der Fall bei einer Addition von 64-Bit-Werten wäre.

Solche Befehle hat AMD unter dem Namen 3DNow! in seine Prozessoren
eingebaut. Bei MMIX gibt es solche Befehle ausschließlich für die saturierte
Addition der genannten Vektoren: BDIF, WDIF, TDIF und ODIF. Dies ist zusammen mit Beispielen beschrieben in [1]. Solche Befehle sind insbesondere
bei der Bildbearbeitung und Bildverarbeitung von Bedeutung, wo Bildpunk-
te durch einzelne Grauwerte oder durch Farbwerte nach einem Farbmodell
(RGB bzw. CMYK) mit vier unabhängigen Bytes je Wert repräsentiert werden.

Vektorbefehle für Vektoren von Gleitkommazahlen werden in Mikroprozessoren seit 1999 eingebaut. Intel hat damit begonenn, seine Prozessoren mit den
so genannten *Internet Streaming SIMD Extensions* (ISSE) auszustatten[5]. Bei
den PowerPC-Prozessoren werden Vektorbefehle unter dem Namen *AltiVec*
eingesetzt. In Anwendungen, bei denen komplexe Zahlen oder Raumkoordi-
naten eine Rolle spielen, können diese auf solche Vektoren abgebildet werden.
Komplizierte Operationen auf diesen Vektoren können dann einfach progam-
miert und sehr schnell ausgeführt werden. Bei MMIX finden wir solche Befehle
nicht vor.

⊘ **Befehle für digitale Signalverarbeitung**

Für Aufgaben der digitalen Signalverarbeitung werden oft spezielle Prozessoren eingesetzt, so genannte Digitale Signalprozessoren, kurz DSP.

Signalprozessoren verfügen meistens über spezielle komplizierte Hardware,
die eine Multiplikation in nur einem Taktzyklus ausführen kann. Häufig kann
diese Multiplikation auch mit einer Addition verbunden werden. Man spricht
von Multiply-and-Accumulate. Damit lassen sich beispielsweise Skalarpro-
dukte schnell berechnen, die in Algorithmen zur digitalen Signalverarbeitung
eine große Rolle spielen.

Übung 1.3.4 Auf welche der hier genannten Befehle kann nicht verzichtet   **1.3.4**
werden, obwohl sie dem RISC-Prinzip widersprechen?

❯ **1.3.8 Parallelverarbeitung auf Ebene des Befehlssatzes**

Ein Ansatz, Befehlssätze zu implementieren, besteht darin, mehrere Befehle
in ein Befehlswort zu kodieren. Diese Befehle können vom Prozessor parallel ausgeführt werden. Ein Programmierer oder Compiler gibt also explizit
vor, welche Befehle parallel ausgeführt werden können. Da die entstehen-

---

[5]Die Abkürzung SIMD steht dabei für *Single Instruction Multiple Data*, also
Befehle, die (als einzelner Befehl) mehrere Daten/Operanden bearbeiten können.
Gewöhnliche Befehle wären demgegenüber vom Typ SISD – *Single Instruction Sin-
gle Data*.

41 Bit	41 Bit	41 Bit	5 Bit
Instruction Slot 2	Instruction Slot 1	Instruction Slot 0	Template

Abbildung 1.8. Das EPIC-Befehlsformat der Intel 64-Bit-Architektur (IA-64). Die drei enthaltenen RISC-Befehle sind in so genannten Instruction Slots untergebracht; zusammen bilden sie ein Bündel

den Befehlswörter dadurch sehr lang werden können, wird diese Art von Befehlssätzen als *Very Long Instruction Word* bezeichnet, kurz VLIW.

Intel und HP haben sich 1994 zusammengeschlossen, um gemeinsam eine Architektur für 64-Bit-Prozessoren zu entwerfen. Mit dem aus der Kooperation hervorgegangenen Befehlssatz verfolgen sie den VLIW-Ansatz. Weil dem Prozessor explizit vorgegeben wird, welche Befehle er parallel ausführen soll, hat man diesen Befehlssatz *Explicit Parallel Instruction Computing*, kurz EPIC, genannt.

Der von Intel und HP erstmals in den Itanium-Prozessoren realisierte Befehlssatz heißt IA-64 (Intel Architecture, 64 Bit). Jedes Befehlswort ist 128 Bit lang und besteht aus drei RISC-Befehlen zu je 41 Bit sowie einem Template, das Steuerungsinformationen enthält. Dieses Format ist in Abbildung 1.8 dargestellt. Das Template gibt darüber Auskunft, welche der Befehle tatsächlich parallel ausgeführt werden können. Ein Befehlswort wird auch als Bündel bezeichnet, die Plätze, an denen Befehle stehen können, als *Slots*.

Es gibt dabei einige Einchränkungen zu beachten:

— Bedingte Verzweigungen können immer nur den ersten Befehl eines Bündels als Ziel haben.

— Manche Befehle können nur an bestimmten Positionen innerhalb eines Bündels stehen.

— Ein Bündel kann nur maximal einen Gleitkommabefehl enthalten.

— In einem 128-Bit langen Wort werden drei Befehle untergebracht. Klassische RISC-Prozessoren bringen dort vier Befehle unter.

Nicht ausgenutzte Slots müssen mit No-Operation aufgefüllt werden. Die Größe des ausführbaren Programms wächst für diesen Befehlssatz gegenüber anderen Befehlssätzen an.

Das Template gibt an, auf welcher Ausführungseinheit ein Befehl ausgeführt werden muss. Ferner schreibt das Template vor, ob ein Befehl vor einem anderen beendet sein muss.

❯ 1.3.9 Exkurs: Stackmaschinen

Wir haben in Abschnitt 1.3.6 Ein-, Zwei- und Drei-Adress-Befehlsformate besprochen. Als etwas exotische Variante gibt es daneben auch das *Null-Adress-*

Befehlsformat. Maschinen, die damit arbeiten, heißen *Stack-Maschinen* (gelegentlich auch *Kellermaschinen*). Zentraler Bestandteil solcher Maschinen ist ein Stack, auf dem die Operanden bereit gestellt werden und auf den nach der Operation das Ergebnis abgelegt wird. Weil dadurch beide Operanden und das Ergebnis implizit angegeben sind, kommt das Null-Adress-Befehlsformat zustande. Ein Befehl

ADD

addiert beispielsweise die obersten Einträge des Stacks und legt die berechnete Summe auf den Stack zurück. Daneben sind Transportbefehle erforderlich, die Operanden (z.B. Variablenwerte) aus dem Hauptspeicher auf den Stack transportieren und umgekehrt – so genannte Push- und Pop-Operationen.

Programme für Stack-Maschinen lassen sich leicht automatisch erzeugen. Compiler erzeugen bei der Übersetzung von Ausdrücken so genannte *Abstract Syntax Trees*, aus denen sich der Code durch Traversieren ergibt. Abbildung 1.9 zeigt den Abstract Syntax Tree für den einfachen Ausdruck $D = C \cdot (A - B)$. Der Code, der sich daraus für eine Stack-Maschine ergibt, ist ebenfalls mit angegeben. In Abbildung 1.10 ist veranschaulicht, wie sich der Stack bei der Ausführung des Programmstücks entwickelt. Ausgehend von einem leeren Stack werden zunächst die Operanden abgelegt. Der linke Operand wird dabei stets zuerst auf den Stack gelegt. Die arithmetischen Operationen holen danach die Operanden vom Stack und legen ihre Ergebnisse auf dem Stack ab. Nach dem Wegnehmen des letzten Ergebnisses ist der Stack wieder leer.

Die Schreibweise von Ausdrücken, bei der die Operation nach den Operanden angegeben wird, wird auch als *Postfix-Notation* bzw. *Umgekehrt Polnische Notation* bezeichnet.

Auch bedingte Verzweigungen lassen sich mit Stacks leicht realisieren. Ein entsprechender Befehl nimmt das oberste Element vom Stack und prüft es gegen eine Bedingung. Als Argument braucht dieser Befehl eine Zieladresse, die angesprungen wird, falls die Bedingung erfüllt ist. Der Befehl

IFZERO ziel

würde das Programm an der mit ziel bezeichneten Marke fortsetzen, falls das oberste Element auf dem Stack 0 ist.

Diese Maschinen haben durchaus praktische Bedeutung in einigen Nischen. Beispielsweise basiert die Java Virtual Machine (JVM) auf diesem Prinzip. Es gibt Ansätze, reale Prozessoren zu bauen, die in der Lage sind, Java-Bytecode auszuführen, z.B der Prozessor aj-100 von Ajile Systems (http://www.ajile.com/).

Ferner baut PostScript, eine Programmiersprache mit Möglichkeiten zur Grafikausgabe, auf das Prinzip der Stack-Maschinen. Intel organisiert die Ausführung von Gleitkommabefehlen als Stack-Maschine. Das heißt, die Gleit-

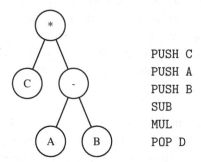

```
PUSH C
PUSH A
PUSH B
SUB
MUL
POP  D
```

Abbildung 1.9. Zum Ausdruck $D = C \cdot (A - B)$ gehöriger Abstract Syntax Tree und erzeugter Code für eine Stack-Maschine. A, B, C und D bezeichnen dabei Speicherplätze für Variablen.

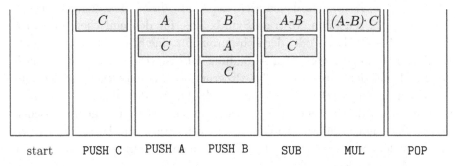

Abbildung 1.10. Entwicklung des Stacks mit dem Programm aus Abbildung 1.9. Anfangs ist kein Element auf dem Stack (links). Dann werden die Operanden auf den Stack gelegt und anschließend die arithmetischen Operationen ausgeführt.

kommaregister der x86-Prozessoren bilden einen Stack. Manche (nicht alle) Gleitkommabefehle sind Befehle mit Null-Adress-Befehlsformat.

1.3.5   **Übung 1.3.5** Schreiben Sie ein Programm zur Auswertung des Ausdrucks $D = (A{-}B)\cdot C$. Was ändert sich dabei für den Stack gegenüber dem Ausdruck $D = C \cdot (A - B)$?

Kapitel 2

Leistungsmessung und Bewertung

2

2   **Leistungsmessung und Bewertung**

2

2 Leistungsmessung und Bewertung

Die Käufer und Hersteller von Prozessoren und Computersystemen wollen die verschiedenen Produkte miteinander vergleichen können – und dabei selbst natürlich möglichst gut dastehen. Ähnlich wie auf dem Automobilmarkt werden dabei gewisse Kenngrößen angegeben, die zum Vergleich herangezogen werden. Aber ebenso wie beim Vergleich von Autos sind diese Kenngrößen nur bedingt für einen Vergleich geeignet.

In den Prospekten der einschlägigen Computerhändler wird meist mit der Taktfrequenz eines Prozessors geworben: Je höher, desto besser. Im nächsten Abschnitt diskutieren wir kurz, warum die Taktfrequenz nur eingeschränkt zum Vergleich von Computersystemen taugt.

Der anzulegende Bewertungsmaßstab hängt bei der Auswahl eines Autos wie bei der Wahl eines Computersystems auch vom Einsatzgebiet ab. Will der Kunde ein Auto mit geringem Spritverbrauch, oder ist ihm eine hohe Leistung wichtig, oder hat er Anforderungen an den Laderaum? Bestimmt steht auch ein gewisses Budget zur Verfügung, das nicht überschritten werden kann. Alle Anforderungen gleichzeitig zu erfüllen erweist sich meistens als unmöglich. Auf Prozessoren übertragen sind die Anwendung und das Einsatzgebiet zu berücksichtigen. Die im folgenden Abschnitt diskutierten Faktoren können eine Rolle spielen.

2.1 Kenngrößen von Prozessoren

Es haben sich verschiedene Kenngrößen eingebürgert, die alle mehr oder weniger aussagekräftig sind. Wir werden sehen, dass sich alle diese Kenngrößen nur beschränkt eignen, um verschiedene Computersysteme zu vergleichen.

2.1.1 Taktfrequenz

Wie bereits erwähnt, wird die Taktfrequenz im Handel oft verwendet, um für einen Computer zu werben. Aber bereits PCs mit Intel-X86-Prozessoren lassen sich mit Apple Macintosh-Rechnern (Mac) auf Basis der Taktfrequenz nicht ernsthaft vergleichen, weil sie ganz unterschiedliche Befehlssätze und verschiedene Architekturen aufweisen.

Selbst PCs mit identischen Prozessoren können auf diese Weise nicht direkt verglichen werden. Wir haben nämlich im Abschnitt 1.1 gesehen, dass ein PC aus vielen Komponenten besteht. Seine Leistungsfähigkeit wird also durch das Zusammenwirken aller Einzelkomponenten bestimmt. Beispielsweise kann ein schneller Prozessor durch einen langsamen Hauptspeicher erheblich ausge-

bremst werden. Mehr dazu werden wir im Kapitel 7 über Speichersysteme
sehen.

2.1.2 Million Instructions per Second

Ein weiterer Wert ist die Anzahl an Befehlen, die ein Prozessor pro Sekunde
bearbeitet. Dieser Wert wird in *Million Instructions per Second* angegeben,
kurz MIPS. Einzelne Befehle benötigen aber unterschiedlich lange für ihre
Ausführung. Ein Blick auf die Ausführungszeiten der Befehle bei MMIX zeigt,
dass Befehle zwischen einem und 60 Taktzyklen (Division) benötigen. Der
MIPS-Wert wird also stark davon abhängen, welche Befehle in dem Programm ausgeführt werden.

2.1.3 Floating Point Operations per Second

Die Anzahl an Gleitkommabefehlen, die ein Computersystem pro Sekunde
ausführen kann (FLOPS), ist von der Aussagekraft her ähnlich einzuschätzen
wie der MIPS-Wert. Diesen Wert anzugeben ist auch nur dann sinnvoll, wenn
Gleitkommaberechnungen eine Rolle spielen. Dies ist bei vielen Anwendungen
nicht der Fall. Für Hochleistungsrechner, wo Gleitkommaberechnungen eine
große Rolle spielen, wird stets ein FLOPS-Wert angegeben.

2.1.4 Cycles per Instruction und Instructions per Cycle

Eine wesentlich technischer orientierte Kenngröße gibt die mittlere Anzahl
an Taktzyklen an, die für die Ausführung eines Befehls benötigt wird. Die
Kenngröße heißt CPI-Wert (*Cycles per Instruction*). Es kann auch der Kehrwert verwendet werden. Dieser gibt an, wie viele Instruktionen im Mittel pro
Taktschritt fertig gestellt werden. Man spricht vom IPC-Wert *Instructions
per Cycle*.

Wir werden in späteren Kapiteln sehen, dass durch Parallelarbeit durchaus
mehr als ein Befehl je Taktschritt fertig gestellt werden kann, dass also Prozessoren durchaus einen IPC-Wert größer als 1 besitzen können.

2.1.5 Leistungsaufnahme

Ein weiteres Kriterium, das herangezogen werden kann, ist die Leistungsaufnahme eines Prozessors. Insbesondere bei Embedded Systemen werden
die Prozessoren oft aus Akkus mit elektrischer Energie versorgt. Da ist es
wichtig, eine möglichst lange Laufzeit des Geräts mit einer Akkuladung zu
erzielen. Gemessen werden kann die Leistungsaufnahme etwa in *Joule pro
Instruktion* oder in *Operationen pro Watt*. Beispielsweise erzielt ein digitaler
Signalprozessor 5 G Operationen pro Watt und ein Pentium 4 zum Vergleich
nur 0,1 G Operationen pro Watt.

(>) **Beispiel**

Beim Ausführen von `MMIX`-Programmen kann mit der Kommandozeilenoption
`-s` eine Statistik über wichtige Laufzeitinformationen angefordert werden.
Nehmen wir an, die Statistiken für zwei beispielhaft ausgewählte Programme
lauten wie folgt:

Programm 1:
```
170132 instructions, 22 mems, 1144076 oops;
15483 good guesses, 30898 bad
(halted at location #000000000000019c)
```

Programm 2:
```
819570 instructions, 223456 mems, 1035890 oops;
88953 good guesses, 106607 bad
(halted at location #0000000000000148)
```

Diese Statistiken geben die Gesamtzahl ausgeführter Befehle an (`instruc-`
`tions`), die Anzahl der ausgeführten Speicherzugriffe (`mems`) sowie die Anzahl
der benötigten Taktzyklen (`oops`). Wenn wir eine Taktfrequenz von 1 GHz
zugrunde legen, so ergeben sich folgende Werte für einige der oben diskutierten Kenngrößen:

	Ausführungszeit	MIPS	CPI
Programm 1	1,14 ms	148	6,7
Programm 2	1,04 ms	791	1,26

MIPS- und CPI-Wert unterscheiden sich bei den beiden Programmen deutlich. Diese Werte sind also stark vom betrachteten Programm abhängig.
Programm 2 führt deutlich mehr Speicherzugriffe aus als Programm 1. Unberücksichtigt ist dabei die Tatsache, dass Speicherzugriffe möglicherweise
deutlich länger dauern als einen Taktzyklus. Daher sind diese auch separat
ausgewiesen in der Statistik. Setzen wir je Speicherzugriff zusätzlich 20 Taktzyklen an, so verschiebt sich das Bild:

	Ausführungszeit	MIPS	CPI
Programm 1	1,14 ms	148	6,7
Programm 2	5,51 ms	149	6,7

2.2 Benchmarks

Da diese Kenngrößen für sich genommen relativ wenig Aussagekraft haben, versucht die Computerindustrie, standardisierte Verfahren zu entwickeln, mit denen faire Leistungsvergleiche unter realistischen Einsatzbedin-

gungen möglich sind. Diese Verfahren heißen *Benchmarks*, was am besten mit Bezugsmarke übersetzt wird. Problematisch bei solchen Messverfahren ist es, einerseits die Neutralität von Messungen und Ergebnisdarstellungen sowie andererseits die Praxisrelevanz der Benchmarks sicherzustellen.

Ein wichtiges Gremium ist die seit 1988 bestehende *Standard Performance Evaluation Corporation*, kurz SPEC (`www.spec.org`). SPEC definiert für verschiedene Anwendungsgebiete umfangreiche Sammlungen von Programmen, so genannte Benchmark Suiten. Diese Programme müssen unter strengen Bedingungen für die zu testende Plattform übersetzt und ausgeführt werden. Wichtige Benchmark Suiten der SPEC sind unter anderen:

- CPU Benchmarks (SPEC CPU2005), bestehend aus einem Teil für Aufgaben, die ganzzahlige Berechnungen erfordern (CINT2000) und einem Teil für Gleitkommaberechnungen (CFP2000). Der CINT2000-Teil wiederum besteht aus 12 C-Programmen, die unterschiedliche Aufgaben bearbeiten, wie Datenkompression, Textverarbeitung oder Schach spielen.
- Grafik Benchmarks zur Messung von Grafikleistung auf OpenGL-Basis.
- Java Client/Server Benchmarks zur Messung der Leistungsfähigkeit von Java-Laufzeitumgebungen.

Der bei SPEC im Vordergrund stehende Leistungsparameter ist die Ausführungszeit der Programme. Die Ausführungszeit eines Programms hängt nicht nur von der verwendeten Hardware ab, sondern in hohem Maße auch vom eingesetzten Betriebssystem sowie vom Compiler, der das Programm für die Zielplattform übersetzt. Strenge Regeln, so genannte *Run Rules* legen daher fest, wie Messungen durchzuführen und zu dokumentieren sind, damit die Ergebnisse auch von anderen Personen nachvollzogen werden können.

Von SPEC werden Referenzwerte für einen bestimmten Rechnertyp gemessen und vorgegeben, derzeit für eine SPARC Station Ultra 10 mit 333 MHz und dem Betriebssystem Sun/Solaris 7. Zur Bestimmung eines Messwerts für ein anderes Rechnersystem werden dort alle Programme ausgeführt und ihre Laufzeiten gemessen. Die einzelnen Werte werden in Bezug zu den Referenzwerten gesetzt und diese Werte werden wiederum geometrisch gemittelt. Wenn also r_i (für $1 \leq i \leq n$) die gemessenen Zeiten für n Programme der Suite auf dem Referenzsystem sind, und b_i die Messwerte auf dem zu bewertenden System, dann wird ein SPEC-Wert S berechnet nach der Formel

$$S = \sqrt[n]{\prod_{i=1}^{n} \frac{r_i}{b_i}}$$

Eine beispielhafte Bewertung zeigt Tabelle 2.1. Für die dort verwendeten Werte siehe `http://www.spec.org/cpu2000/results/`.

Tabelle 2.1. Ergebnisse des SPEC-Benchmarks CINT2000 für das Referenzsystem (r_i) und für Dell PowerEdge 3250 System 1,4 GHz Itanium 2 (b_i). Die Zeiten sind in Sekunden angegeben. Es ergibt sich ein SPEC-Wert von 8,24

Programm	r_i	b_i	Verhältnis
164.gzip (Datenkompression)	1400	163	8,6
175.vpr (Schaltungsentwurf)	1400	217	6,45
176.gcc (C-Compiler)	1100	108	10,22
181.mcf (Optimierung)	1800	381	4,72
186.crafty (Schach)	1000	94,2	10,61
197.parser (Textverarbeitung)	1800	290	6,20
252.eon (Visualisierung)	1300	104	12,46
253.perlbmk (PERL Interpreter)	1800	199	9,03
254.gap (Gruppentheorie)	1100	161	6,83
255.vortex (OO-Datenbank)	1900	150	12,65
256.bzip2 (Datenkompression)	1500	206	7,27
300.twolf (Routing Simulation)	3000	380	7,90

Wie die folgende Übung zeigt, liefert das geometrische Mittel gerechtere Werte als das arithmetische Mittel, weil ein einzelner extremer Wert das geometrische Mittel weniger beeinflusst als das arithmetische Mittel.

Übung 2.2.1 Gegeben seien folgende Messwerte für Programme eines Benchmarks: 2.2.1

Programm	Referenzzeit r_i	Gemessene Zeit b_i
Programm A	1	10
Programm B	500	100

Berechnen Sie die Verhältnisse der Laufzeiten und anschließend das arithmetische sowie das geometrische Mittel der Einzelwerte. Vertauschen Sie anschließend die Rollen der betrachteten Systeme, d.h. vertauschen Sie Referenzzeit und gemessene Zeit und wiederholen Sie die Rechnung. Was fällt dabei auf?

Eine interessante und sehr übersichtliche grafische Aufbereitung der Ergebnisse von SPEC-Benchmarks findet sich in [16] und [30]. Die Einzelergebnisse für ein System werden in einem so genannten Sternplot dargestellt. Sterne kodieren dabei die Einzelergebnisse und Kreise repräsentieren die zugehörigen Mittelwerte. Höhere SPEC-Leistung eines Systems führt zu einem größeren Radius. Abbildung 2.1 zeigt Sternplots für CINT2000 zweier un-

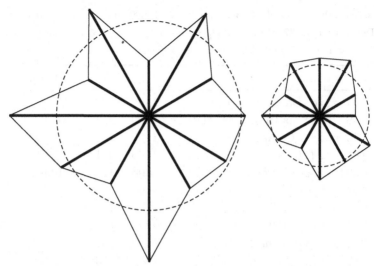

Abbildung 2.1. Starplots für den SPEC CINT Benchmark. Links: Dell PowerEdge 3250 (1,4 GHz Itanium 2) mit einem SPEC-Wert (Radius) von 8,24. Rechts: Compaq AlphaServer DS20E Model 6/667 mit einem SPEC-Wert von 44,4. Auffallend ist, dass die Leistung bezogen auf den einzelnen Messwert des Programms 181.mcf (12-Uhr-Position) fast identisch ist, obwohl das Dell-System insgesamt einen fast doppelt so hohen SPEC-Wert aufweist

terschiedlicher Systeme. Ein Sternplot entsteht durch Unterteilen eines Kreises in äquidistante Winkel. Vom Kreismittelpunkt ausgehende Radien repräsentieren jeweils (durch ihre Länge) den quantitativen Wert eines Einzelergebnisses. Zyklisches Verbinden der Endpunkte der Radien erzeugt das Muster. Die Einzelergebnisse entsprechen den für die in Tabelle 2.1 angegebenen 12 Programmen, beginnend auf der 3-Uhr-Position mit 164.gzip und weiter fortschreitend gegen den Uhrzeigersinn. Diese Art der Darstellung bietet auf einen Blick etwas mehr Information als der auf einen einzigen Durchschnittswert reduzierte Benchmarkwert.

Neben der SPEC gibt es noch Konsortien, die Benchmarks speziell für Embedded Systeme entwickeln (www.eembc.org). Ferner das Transaction Processing Performance Council (TPC, www.tpc.org). Das TPC bewertet Datenbanksysteme hinsichtlich der Anzahl an Transaktionen, die sie pro Sekunde leisten. Dort werden auch die Systemkosten mit bewertet. Es wird also ein Wert angegeben, der aussagt, wie viel eine Leistungseinheit kostet. Auf das Beispiel mit der Automobilindustrie übertragen würde das bedeuten, wie viel Geld muss für die Leistungsfähigkeit von je 1 kW bezahlt werden.

Die Auswertung von solchen Benchmarks für eine Plattform ist sehr aufwändig. Wir müssen daher leider darauf verzichten, die Unterschiede zwischen alternativen Implementierungen mittels professionellen Benchmarks zu vergleichen. Wir verwenden statt dessen kleine Beispielprogramme, die sich im Anhang finden. In [17] werden diese als *Toy Benchmarks* ohne nennenswerte Aussagekraft bezeichnet, aber um die architekturellen Konzepte anhand eines simulierten Prozessors zu verstehen, erscheint die Vorgehensweise für ein Lehrbuch gerechtfertigt.

2.3 Amdahls Gesetz

Für die Benchmarks haben wir im letzten Abschnitt Laufzeiten r_i und b_i zueinander in Beziehung gesetzt. Der Quotient r_i/b_i gibt die *Beschleunigung* von des zu bewertenden Systems gegenüber dem Referenzsystem an. Dabei bedeutet ein Wert kleiner 1 eine Verlangsamung; dennoch wird der Quotient als Beschleunigung bezeichnet.

Die Beschleunigung wird nicht nur für Benchmarks zugrunde gelegt, sondern auch, um zu messen, wie sich Änderungen an einem Computersystem auswirken. Als Referenzwert wird die Laufzeit vor der Änderung herangezogen. Es wird definiert:

$$\text{Beschleunigung} = \frac{\text{Ausführungszeit}_{\text{alt}}}{\text{Ausführungszeit}_{\text{neu}}}$$

Wichtig ist dabei die Beobachtung, dass sich Änderungen nur dort auswirken, wo die verbesserte Komponente einen Anteil zur Verarbeitung beiträgt. Diese an sich recht banale Feststellung wurde erstmals im Zusammenhang mit dem Bau von Parallelrechnern beschrieben. Ein Entwickler namens Gene Amdahl beschäftigte sich in den 1960er Jahren bei IBM mit Vektorrechnern, die $N > 1$ Gleitkommarechnungen parallel ausführen können. Er erwartete beim Einsatz eines solchen Vektorrechners eine Beschleunigung von N gegenüber der Ausführung des Programms mit nur einem einzelnen Prozessor. Die beobachtete Beschleunigung war jedoch deutlich niedriger. Die Ursache war, dass seine Programme nicht nur aus Gleitkommabefehlen bestanden. Damit ein Computersystem mit N Prozessoren tatsächlich die N-fache Rechenleistung erreicht, müssten alle Prozessoren ständig parallel rechnen. Amdahl formulierte allgemein: Bei Programmen, die mit unterschiedlichen Geschwindigkeiten auf verschiedenen Prozessoren ausgeführt werden, dominiert die langsamste Berechnungsgeschwindigkeit die Gesamtlaufzeit.

Bei einer Berechnung der Beschleunigung muss also berücksichtigt werden, dass sich eine Verbesserung B^* nur auf einen gewissen Anteil A_v der Arbeit auswirkt. Die Beschleunigung lässt sich nun auch folgendermaßen beschreiben, was als *Amdahls Gesetz* bekannt ist:

$$\text{Beschleunigung} = \frac{1}{(1 - A_v) + \frac{A_v}{B^*}}$$

2.3.1 **Übung 2.3.1** In einem Server wartet die CPU 60% der Zeit auf Ein-/Ausgabe. Es wird eine zehn Mal schnellere CPU eingebaut. Wie groß ist die Gesamtbeschleunigung?

Eine weitere sehr konkrete Anwendung von Amdahls Gesetz folgt im Abschnitt 7 über Speichersysteme (Aufgabe 7.1.4).

Eine wichtige Konsequenz aus dem Gesetz von Amdahl ist auch, dass in Verbesserungen nur dann investiert wird, wenn die zu verbessernden Komponenten auch wirklich einen großen Teil zu der Arbeit beitragen. Der Merksatz dafür lautet: *Make the Common Case Fast* [17].

Viele Computersysteme erlauben ein so genanntes *Profiling*. Damit lassen sich die Stellen eines Programms entdecken, an denen die meiste Zeit verbraucht wird, die *Hot Spots*. Gemäß Amdahls Gesetz lohnt sich eine Optimierung am meisten an solchen Hot Spots.

Kapitel 3
Pipelining

3

3

3 Pipelining

Es hat sich bereits sehr früh durchgesetzt, den Befehlszyklus wie ein Fließband zu organisieren. Das Fließband wurde von Henry Ford im Jahr 1913 zur effizienten Produktion von Autos eingeführt. Dabei wird die Montagearbeit in mehrere kleine Schritte zerlegt, von denen jeder sehr einfach auszuführen ist und durch eine kleine spezialisierte Einheit übernommen wird. Das Produkt wird nach Abschluss des Arbeitsschritts von einer Einheit zur nächsten weiter gereicht. Autos verlassen das Fließband so in einem bestimmten Takt. Diese Vorgehensweise vermeidet, dass jeder Mechaniker über alle Arbeitsschritte Bescheid wissen und alle Werkzeuge zur Verfügung haben muss.

Als Beispiel zur Veranschaulichung wollen wir die Beschaffung des Mittagessens von Studierenden betrachten. Eine Möglichkeit ist die Würstchenbude um die Ecke. Dort gibt man seine Bestellung beim Besitzer auf. Der stellt das Menü zusammen und kassiert anschließend, bevor er den nächsten Kunden bedient. Alternativ können Studierende auch in die Mensa gehen. Im Gegensatz zur Würstchenbude arbeitet die Mensa nach dem Fließbandprinzip: Die Studierenden warten zunächst diszipliniert in einer Schlange vor der Essensausgabe. Jeder Studierende nimmt ein Tablett mit Besteck. An der nächsten Station erhält er von einem Bediensteten eine Hauptspeise und an einer weiteren Station optional eine oder mehrere Beilagen. Schließlich bezahlt er das Essen an der Kasse.

Die Mensa ist in der Lage, mit weniger Aufwand in der gleichen Zeit mehr Studierende zu versorgen als die Würstchenbude[1].

3.1 Die klassische Fünf-Stufen-Pipeline

Auf die Prozessortechnik übertragen heißen die Fließbänder *Pipelines*. Die Abarbeitung jedes einzelnen Befehls wird in mehrere Phasen eingeteilt (man spricht daher auch oft von *Phasen-Pipelining*). Jeder Phase entspricht eine *Pipeline-Stufe* in der Hardware. Wir wollen uns zunächst mit der klassischen Einteilung in fünf Phasen beschäftigen. Diese fünf Phasen sind gemäß [17]:

1. Holen des Befehls (fetch, kurz F).
2. Dekodieren des Befehls (decode, kurz D). In dieser Phase werden auch die Operanden aus Registern bereitgestellt.
3. Ausführen des Befehls (execute, kurz X) auf der Ausführungseinheit. In dieser Phase wird ggf. auch die Adresse für einen Speicherzugriff berechnet. Für bedingte Sprungbefehle wird hier die Bedingung geprüft und für alle

---

[1] Das Essen ist folglich in der Würstchenbude auch etwas teurer (krasser tritt dieser Unterschied zutage, wenn wir die Mensa mit einem Lokal vergleichen würden).

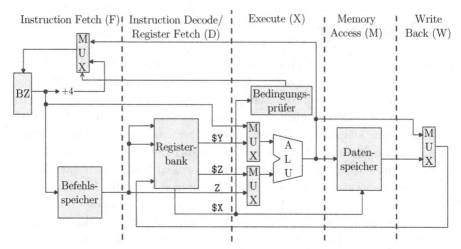

Abbildung 3.1. Implementierung einer Fünf-Stufen-Pipeline. Zwischen den Stufen (bei den gestrichelten Linien) müssen Operanden in *Pipeline-Registern* zwischengespeichert werden können, damit sie geordnet in Folgestufen übergeben oder – wie etwa der Wert aus $X für einen schreibenden Speicherzugriff – durch die Execute-Stufe hindurchgereicht werden können. $X, $Y und $Z stehen hier für die entsprechenden Werte, die weitergegeben werden, nicht für die Nummern der Register

Verzweigungen (Sprünge, aber auch auch Unterprogrammaufrufe) wird die Folgeadresse berechnet.

4. Speicherzugriff (memory access, kurz M).

5. Zurückschreiben des Ergebnisses (result Write Back, kurz W). Das Ergebnis einer Operation wird in ein Register geschrieben, falls erforderlich.

Pipelining bedeutet bei Prozessoren, analog zu der Essensausgabe in der Mensa, Befehle von einer Stufe an die nächste weiterzugeben, sodass theoretisch zu jeder Zeit in jeder Phase ein Befehl bearbeitet wird. Abbildung 3.1 zeigt, wie sich die Fünf-Stufen-Pipeline für eine einfache Implementierung von MMIX realisieren lässt. Die Stufen sind von links nach rechts angeordnet. Zur F-Stufe gehört der Befehlszähler (BZ), der immer die Adresse des nächsten Befehls angibt, sowie der Befehlsspeicher, also der Teil des Speichers, der die Befehle enthält. Unter Verwendung des Befehlszählers wird der folgende Befehl aus dem Speicher an die nächste Stufe geleitet. Ferner gehört zu dieser Stufe ein Multiplexer (MUX), der die Adresse des nächsten Befehls in den Befehlszähler schreibt. Der Multiplexer wählt zwischen dem um 4 erhöhten Wert des Befehlszählers und – im Fall von Sprungbefehlen – einer möglichen anderen Zieladresse. Die Entscheidung sowie die Sprungzieladresse hängen von einer späteren Stufe ab.

In der Decode-Phase wird der eben geholte Befehl dekodiert. Hier werden die im Befehl angegebenen Register gelesen oder ein Direktoperand aus dem Befehlswort erkannt. Wir unterscheiden vier Möglichkeiten:

— Befehle mit zwei Registeroperanden: Die beiden Register $Y und $Z werden ausgelesen.

— Befehle mit einem Registeroperanden und einem Direktoperanden. Das Register $Y wird ausgelesen und der Direktoperand Z kommt aus dem Befehlswort.

— Befehle für Speicherzugriff: Die Adresse wird mit Register- oder Direktoperanden berechnet. Zusätzlich wird bei schreibendem Zugriff der in den Speicher zu schreibende Wert aus einem Register $X gelesen.

— Sprungbefehle: Für die Bedingung wird Register $X ausgelesen und zur Berechnung des Sprungziels wird ein Direktoperand aus dem Befehlswort weitergegeben.

In der Execute-Phase werden arithmetische und logische Operationen durchgeführt. Ferner werden die Bedingungen von Sprungbefehlen ausgewertet. Kernstück ist die *Arithmetic Logical Unit* (ALU) [1]. Aufgrund des dekodierten Befehlsworts entscheiden Multiplexer vor der ALU, woher die Operanden kommen sollen: Aus Registern, Direktoperanden oder bei Sprungbefehlen kann sogar der Befehlszähler ein Operand sein. In dieser Stufe muss die Bedingung einer Verzweigung geprüft werden. Das Ergebnis dieser Prüfung wirkt auf den Multiplexer in der F-Stufe zurück, der den Befehlszähler mit einer neu berechneten Sprungzieladresse überschreiben kann.

In der M-Phase wird, falls nötig, ein Speicherzugriff durchgeführt. Die effektive Adresse für den Zugriff wurde zuvor in der X-Phase berechnet.

Schließlich kann in der W-Phase ein Wert in ein Register der Registerbank geschrieben werden. Ein Multiplexer wählt entweder das Ergebnis einer arithmetischen Operation oder einen aus dem Speicher gelesenen Wert.

Bei der Anwendung von Pipelining müssen die Übergänge zwischen den einzelnen Stufen getaktet werden. An den Übergängen müssen auch Werte übergeben und zwischengespeichert werden können. In Abbildung 3.1 ist dies durch gestrichelte senkrechte Trennstriche angedeutet.

Um die Auswirkungen der Einführung von Pipelining zu sehen, betrachten wir zunächst die Befehlsausführung ohne Pipelining. Wir nehmen an, ein Befehl benötige zum Durchlaufen der Phasen Fetch, Execute und Memory Access je $2\Delta t$, wobei Δt eine beliebige Zeiteinheit sei. Für die anderen beiden Phasen Decode und Write Back benötige ein Befehl nur halb so lang, also $1\Delta t$. Abbildung 3.2 a) zeigt die sequenzielle Abarbeitung von drei verschiedenen Befehlen.

a) Ohne Pipelining

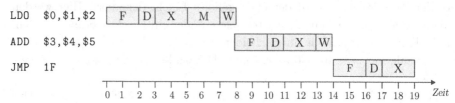

b) Mit Pipelining

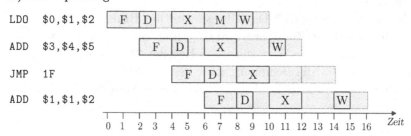

Abbildung 3.2. Befehlsausführung ohne und mit Pipelining. Für jeden Befehl ist angegeben, zu welcher Zeit er welche Stufe durchläuft

Die Dauer einer Takteinheit muss sich nach der längsten Verweildauer eines Befehls in einer Stufe richten. Günstig dabei ist, wenn die Verweildauer eines Befehls in jeder der Stufen in etwa gleich groß ist. In unserem Fall bedeutet das, dass eine Takteinheit $2\Delta t$ dauern muss. Wie in Abbildung 3.2 b) zu sehen ist, entsteht bei kürzeren Phasen ein Verschnitt. Befehle haben diese Phase bereits ganz durchlaufen, bevor der nächste Taktschritt beginnt und müssen auf die Weitergabe in die nächste Stufe warten. Die Ausführungsdauer für einen einzelnen Befehl wird dadurch also mehr als theoretisch nötig verlängert.

Grundsätzlich durchläuft jeder Befehl alle Stufen der Pipeline. Unter Umständen läuft ein Befehl durch eine Phase, ohne dass eine Bearbeitung erfolgt. In dem Analogiebeispiel der Essensausgabe bedeutet dies, dass jeder an der Ausgabe für die Nachspeise vorbei muss, bevor er zur Kasse gehen kann, auch wenn er keine Nachspeise nimmt.

Zumindest theoretisch kann somit aber in jedem Takt ein Befehl fertig gestellt werden. Dies bedeutet einen maximalen IPC-Wert von 1. In der Praxis wird sich dieser Wert aber nur sehr selten einstellen, da sich durch so genannte *Pipeline-Hazards*, die im nächsten Abschnitt besprochen werden, die Befehlsausführung weiter verlangsamt. In den vergangenen Jahren wurde viel Entwicklungsaufwand betrieben, um solche Situationen möglichst zu vermeiden. Davon handelt der nächste Abschnitt.

	Takt 1	Takt 2	Takt 3	Takt 4	Takt 5	Takt 6
Fetch	Befehl 1	Befehl 2	Befehl 3	Befehl 4	Befehl 5	Befehl 6
Decode		Befehl 1	Befehl 2	Befehl 3	Befehl 4	Befehl 5
Execute			Befehl 1	Befehl 2	Befehl 3	Befehl 4
Memory				Befehl 1	Befehl 2	Befehl 3
Write Back					Befehl 1	Befehl 2

Abbildung 3.3. Pipeline-Diagramm (Reservation Table) für die Stufen. Die fünf
Pipeline-Stufen sind in y-Richtung aufgezeigt. Bei mehreren Befehlen wächst diese
Diagrammform nur in der Breite

Übung 3.1.1

1. Welche MMIX-Befehle laufen ohne Bearbeitung durch die M-Phase?
2. Welche MMIX-Befehle laufen ohne Bearbeitung durch die W-Phase?
3. Welche Beschleunigung verspricht der Übergang zum Pipelining mit den
   oben gemachten Annahmen über die Verweildauer in den einzelnen Stufen?
   Nehmen Sie dazu an, dass die Häufigkeiten der einzelnen Befehlsarten wie
   folgt sind [28]: Je 20% Speicherzugriffe mit und ohne Bearbeitung in der
   W-Phase, 40% arithmetische Befehle und 20% Sprungbefehle.

Um die Abläufe in einer Pipeline zu veranschaulichen, sind zwei Arten von
Diagrammen üblich, so genannte *Reservation Tables* [11]. Abbildungen 3.3
und 3.4 zeigen die beiden Formen. Beide Diagramme zeigen in x-Richtung
die fortlaufenden Taktzyklen. Bei der ersten Variante sind die Pipeline-Stufen
in y-Richtung aufgezeigt und die Befehle sind entsprechend ihres Durchlaufs
durch die Pipeline eingetragen (Abbildung 3.3). Die zweite Variante zeigt in
y-Richtung die einzelnen Befehle und im Diagramm die Stufen, die sie zum
jeweiligen Taktzyklus durchlaufen (Abbildung 3.4). Wir werden im Folgenden die zweite Variante verwenden. Mit zunehmender Anzahl an gezeigten
Befehlen wachsen diese Diagramme in beiden Dimensionen.

3.2 Pipeline-Hemmnisse

Im erwähnten Beispiel der Essensausgabe einer Mensa kann ein einzelner
Studierender die Abfertigung beeinträchtigen und alle Nachfolger aufhalten,
wenn er etwa Sonderwünsche bei der Ausgabe des Hauptgerichts hat oder an
der Kasse mühsam aus allen Taschen sein Kleingeld zusammen suchen muss.
Oder wenn an der ersten Station das Besteck ausgeht, dann müssen alle in
der Schlange warten, bis ein Angestellter der Mensa Nachschub heran bringt.

	Takt 1	Takt 2	Takt 3	Takt 4	Takt 5	Takt 6	Takt 7
Befehl 1	F	D	X	M	W		
Befehl 2		F	D	X	M	W	
Befehl 3			F	D	X	M	W
Befehl 4				F	D	X	M
Befehl 5					F	D	X

Abbildung 3.4. Pipeline-Diagramm (Reservation Table) für die Befehle. In y-Richtung sind Befehle aufgetragen. Das Diagramm zeigt, welcher Befehl sich zu einem bestimmten Zeitpunkt in welcher Stufe befindet. Bei mehreren Befehlen wächst diese Diagrammform in der Höhe und in der Breite

In diesem Abschnitt beschäftigen wir uns mit Situationen und Bedingungen, unter denen die Befehlsausführung in Pipelines ins Stocken geraten kann. Da dies die Leistung eines Prozessors beeinträchtigt, spricht man von *Pipeline-Hemmnissen*, im Englischen auch von *Pipeline-Hazards* (deutsch: Gefährdung oder Risiko). Es gibt drei Arten solcher Hemmnisse:
1. Strukturelle Hemmnisse
2. Hemmnisse durch Datenabhängigkeiten
3. Ablaufbedingte Hemmnisse

Diese werden wir nun besprechen.

3.2.1 Strukturelle Hemmnisse
Strukturelle Hemmnisse ergeben sich immer aus dem Aufbau und der Struktur der Hardware.

Wenn es möglich sein soll, dass zu jedem Zeitpunkt ein Befehl in jeder Stufe der Pipeline bearbeitet wird, so stellt man fest, dass Situationen auftreten können, bei denen zwei Speicherzugriffe gleichzeitig stattfinden müssten. Das ist dann der Fall, wenn ein Befehl einen Speicherzugriff ausführt (Phase M) und ein nachfolgender Befehl gerade aus dem Speicher geholt werden soll (Phase F). Wenn nur eine Schnittstelle zum Speicher besteht, so kann aber nicht gleichzeitig auf Befehle und Daten zugegriffen werden. Das Diagramm in Abbildung 3.5 veranschaulicht die sich daraus ergebende Situation. In Takt 4 behindert der Speicherzugriff von Befehl 1 das Laden (Fetch) von Befehl 4. Das geht so weiter: In den Takten 5 und 6 behindern die Speicherzugriffe der Befehle 2 und 3 das Laden von Befehlen 4 und 5. Alle nachfolgenden Befehle werden dadurch erst drei Takte später durch die Pipeline geschickt. Die Weitergabe der Befehle gerät dadurch ins Stocken. Man spricht in diesem Fall von einem *Pipelinestillstand* oder einer *Blockade* (englisch: *Pipeline Stall*). Bei den aufgehaltenen Befehlen sind die entsprechenden Takte grau

	Takt 1	Takt 2	Takt 3	Takt 4	Takt 5	Takt 6	Takt 7
Befehl 1	F	D	X	M	W		
Befehl 2		F	D	X	M	W	
Befehl 3			F	D	X	M	W
Befehl 4							F
Befehl 5							

Abbildung 3.5. Pipeline-Stillstand durch zwei gleichzeitig erforderliche Speicherzugriffe. In den Takten 4 bis 6 behindern die Speicherzugriffe der Befehle 1 bis 3 das Laden der Folgebefehle ab 4 (durch die graue Schraffur angedeutet)

schraffiert, um den Augenblick des Stillstands zu verdeutlichen. Diese Zeiten des Stillstands weden auch *Bubbles* genannt (durchlaufende Blasen).

Eine der ältesten angewandten Techniken zur Vermeidung dieser Situation ist das so genannte „Prefetching". Das bedeutet, dass Befehle im Voraus gelesen und in einem Puffer vorgehalten werden, bis sie an der Reihe sind. Dieser Puffer wird Fetch Buffer genannt. Prefetching ist dann sehr einfach möglich, wenn mit einem Speicherzugriff mehr als ein Befehl geholt werden kann. Beispielsweise sind MMIX-Befehle stets vier Bytes lang und aus dem Speicher werden auf einmal mindestens acht Bytes gleichzeitig gelesen. Somit werden in natürlicher Weise mindestens zwei Befehle gleichzeitig geholt. Ferner können zum Laden von Befehlen diejenigen Takte genutzt werden, in denen solche Befehle die M-Phase durchlaufen, die keinen Speicherzugriff durchführen müssen (z.B. arithmetische Befehle).

Bei Programmen, die sehr viele Speicherzugriffe ausführen, werden sich dennoch die Zugriffe auf Programm und Daten gegenseitig behindern. Siehe dazu Abschnitt 7.8.

Als weitere Verbesserung hat es sich bei schnellen Prozessoren durchgesetzt, getrennte Cache-Speicher für Instruktionen und Daten vorzusehen. Es ist dann gleichzeitig je ein Zugriff auf jeden dieser Caches möglich. Man spricht hier von einer Pseudo-Harvard-Architektur. Auch darauf werden wir im Abschnitt 7.8 noch näher eingehen.

Eine weitere Ursache für strukturelle Hemmnisse sind komplexe Befehle, also solche Befehle, die nicht innerhalb eines Taktes den Durchlauf durch die Execute-Phase abschließen können. Bei MMIX sind das zum Beispiel die Befehle für ganzzahlige Multiplikation (benötigt 10 Taktzyklen) bzw. Division (60 Taktzyklen). Ferner alle Gleitkomma-Instruktionen, die mehrheitlich 4 Takte in der X-Phase benötigen. Diese Befehle treten in typischen Programmen allerdings nicht so häufig auf, dass es sich lohnen würde, den Pipeline-Takt

	1	2	3	4	5	6	7	8	9	10	11	12	13	14
SETH xk,#4000	F	D	X	M	W									
FMUL yk,yk,xk		F	D	X	X	X	X	M	W					
FADD yk,yk,q			F	D				X	X	X	X	M	W	
SET xk,temp1				F			D					X	M	W

Abbildung 3.6. Hemmnisse durch vier Takte lang laufende Gleitkomma-Instruktionen. Der FADD-Befehl ist am Ende von Takt 4 fertig dekodiert und verharrt drei Takte lang in diesem Zustand

nach dem langsamsten Befehl auszurichten. Das wäre in diesem Beispiel ja immerhin eine Verlängerung des Taktes um den Faktor 60. Vielmehr werden während der Ausführung einer komplexen Instruktion alle nachfolgenden Instruktionen so lange angehalten, bis die lang laufende Instruktion ihre Execute-Phase beendet hat. Für einen Ausschnitt aus dem Programm zur Darstellung der Mandelbrotmenge aus dem Anhang (Abschnitt A.3.1) ist das in Abbildung 3.6 dargestellt. Die Ausführung der vier gezeigten Instruktionen dauert insgesamt 14 Takte.

3.2.1   **Übung 3.2.1** Geben Sie für das Pipeline-Diagramm in Abbildung 3.6 die zweite Variante des Diagramms an (mit Befehlen nach Stufen aufgetragen, vgl. Abbildung 3.3).

❯ 3.2.2 Hemmnisse durch Datenabhängigkeiten

Störungen im Ablauf einer Pipeline ergeben sich auch dadurch, dass Instruktionen vorangehende Ergebnisse benötigen oder Register verwenden, deren Inhalt noch benötigt wird. Die dadurch entstehenden Abhängigkeiten wollen wir nun näher untersuchen.

Betrachten wir zunächst folgendes Programmfragment zum Tauschen von zwei Werten aus dem Programm A.3.2 (siehe Anhang):

```
106         XOR    l,l,r   Tauschen von l und r
107         XOR    r,l,r
108         XOR    l,l,r
109 1H      CMP    tmp,l,pivot
```

Das Ergebnis des XOR aus Zeile 106 steht erst am Ende der W-Phase im Register l (2 Takte nach der Berechnung), wird aber bereits in der Decode-Phase vom XOR in Zeile 107 benötigt. Man spricht von einem *Read-After-Write-Konflikt* .

	T. 1	T. 2	T. 3	T. 4	T. 5	T. 6	T. 7
XOR l,l,r	F	D	X	M	W		
XOR r,l,r		F	D			X	M
XOR l,l,r			F			D	
CMP tmp,l,pivot						F	

Abbildung 3.7. Read-After-Write-Abhängigkeit in einer Pipeline ohne Result Forwarding. Das Wort Takt it durch T. abgekürzt. Schraffuren bezeichnen Stufen, die der Befehl bereits vollständig durchlaufen hat, in denen er aber verweilen muss, weil er durch einen Vorgänger blockiert wird

	T. 1	T. 2	T. 3	T. 4	T. 5	T. 6	T. 7
XOR l,l,r	F	D	X	M	W		
XOR r,l,r		F	D	X	M	W	
XOR l,l,r			F	D	X	M	W
CMP tmp,l,pivot				F	D	X	M

Abbildung 3.8. Read-After-Write-Abhängigkeit in einer Ppipeline mit Result Forwarding

Abhilfe schafft in diesem Beispiel ein Mechanismus, der es erlaubt, Ergebnisse weiter zu verwenden, bevor sie in Registern abgespeichert wurden, das so genannte *Result Forwarding*. Dies bedeutet, dass Ergebnisse der X- und M-Phase immer als ALU-Input zurückgereicht werden können (*Feed Back*). Eine spezielle Steuerlogik sorgt dafür, dass – falls erforderlich – die zurückgereichten Ergebnisse anstelle der Werte aus den Registern verwendet werden (man spricht von Forwarding oder Bypassing). Für das obige Programmfragment ist dieser Sachverhalt in den Abbildungen 3.7 und 3.8 dargestellt. Abbildungen 3.7 zeigt, wie die Pipeline blockiert, weil der zweite Befehl auf das Ergebnis des ersten wartet (grau schraffierte Flächen). Demgegenüber zeigt Abbildung 3.8, wie die Technik des Forwarding für ein kontinuierliches Arbeiten der Pipeline sorgt.

Abbildung 3.9 zeigt die um Leitungen zum Forwarding ergänzte Implementierung einer Pipeline.

Leider hilft dieser Mechanismus nicht in jedem Fall. Ladeoperationen können ihr Ergebnis in keinem Fall vor dem Ablauf der M-Phase zur Verfügung stellen. Result forwarding hilft hier zwar, die Phase des Stillstands zu verkürzen, aber ganz vermieden werden kann sie nicht. Wir werden später sehen, dass Ladeoperationen unter Umständen die Pipeline noch viel länger blockieren können als nur um einen Takt. Abbildung 3.10 zeigt den Read-After-Write-Hazard einer Pipeline durch einen Ladebefehl.

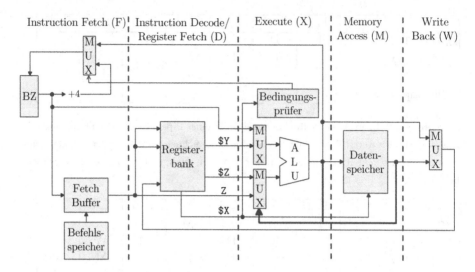

Abbildung 3.9. Implementierung einer Fünf-Stufen-Pipeline mit Forwarding (fette Leitungen, die von der X- und der M-Stufe zurückführen) und Fetch Buffer

	Takt 1	Takt 2	Takt 3	Takt 4	Takt 5	Takt 6	Takt 7
LDO $1,base,off	F	D	X	M	W		
ADD $1,$1,2		F	D		X	M	W
SUB $3,$4,$5			F		D	X	M

Abbildung 3.10. Read-After-Write-Abhängigkeit durch einen Ladebefehl. Auch Result Forwarding kann den Stillstand der Pipeline für mindestens einen Takt nicht vermeiden

3.2.3 Ablaufbedingte Hemmnisse

Auch die Ausführung von bedingten Sprungbefehlen kann zum Aufhalten der Pipeline führen. Man spricht von ablaufbedingten Hemmnissen (englisch: *Control Hazards*).

Ein bedingter Sprungbefehl besitzt zwei mögliche Nachfolgebefehle: Den unmittelbar folgenden Befehl und den als Sprungziel angegebenen Befehl. Welcher der tatsächlich als nächster auszuführende Befehl ist, steht erst nach der Ausführungsphase (Execute) des Sprungbefehls fest, in der die Bedingung geprüft wird (siehe Abbildung 3.1). Wenn ein bedingter Sprung von der Fetch- in die Decode-Phase wechselt, wird bereits ein weiterer Befehl geladen (Fetch). Dies kann aber nur einer der beiden potenziellen Nachfolger sein. Dieser ist bereits dekodiert, wenn das Sprungziel endgültig fest steht. Stellt sich heraus, dass der falsche Befehl geladen wurde, müssen sowohl der nächste, bereits dekodierte und der übernächste, bereits geladene Befehl ver-

	1	2	3	4	5	6	7	8	9	10	11
STO y,A,j	F	D	X	M	W						
SET j,k		F	D	X	M	W					
BNP j,@+20			F	D	X	M	W				
SUBU k,j,8				F	D						
LDO y,A,k					F						
STO x,A,j						F	D	X	M	W	
ADDU i,i,8							F	D	X	M	W

Abbildung 3.11. Pipeline-Stillstand durch falsch vorhergesagten Sprung

worfen und der tatsächliche Folgebefehl geholt werden. Dadurch entsteht ein Stillstand der Pipeline von zwei Taktzyklen.

Als Beispiel betrachten wir einen Programmausschnitt aus dem Programm zum Sortieren durch Einfügen, das einen Teil von Quicksort bildet (vgl. Anhang A.3.2):

```
21 5H        STO    y,A,j    y rückt eine Position weiter vor
22           SET    j,k
23 3H        BNP    j,4F
24           SUBU   k,j,8
25           LDO    y,A,k
26           CMP    tmp,y,x
27           PBP    tmp,5B
28
29 4H        STO    x,A,j    Element x hat seinen Platz gefunden
30           ADDU   i,i,8
```

Wir gehen zunächst davon aus, dass der Sprung in Zeile 23 ausgeführt wird. Da der Sprung nicht als wahrscheinlich auszuführender Sprung gekennzeichnet ist (kein PBNP), lädt der Mechanismus des Prefetching zunächst den unmittelbaren Folgebefehl aus Zeile 24. Erst nachdem sich in der Execute-Phase herausgestellt hat, dass der Sprung doch auszuführen ist, wird der Befehl aus Zeile 29 geladen. Das entsprechende Pipeline-Diagramm ist in Abbildung 3.11 dargestellt.

Wir beobachten, dass während der zwei Takte 8 und 9 kein fertig abgearbeiteter Befehl die Pipeline verlässt. Die Ausführung des Sprungbefehls benötigt also drei Taktzyklen. Wurde demgegenüber das Sprungziel korrekt im Voraus geladen, so benötigt ein Sprungbefehl nur einen Takt. Abbildung 3.12 zeigt den Ablauf, wenn der Sprungbefehl in Zeile 23 nicht verzweigt.

	1	2	3	4	5	6	7	8	9	10	11
STO y,A,j	F	D	X	M	W						
SET j,k		F	D	X	M	W					
BNP j,@+20			F	D	X	M	W				
SUBU k,j,8				F	D	X	M	W			
LDO y,A,k					F	D	X	M	W		
CMP tmp,y,x						F	D	X	M	W	
PBP tmp,5B							F	D	X	M	W

Abbildung 3.12. Situation wie in Abbildung 3.11, aber ohne Pipeline-Stillstand, weil der Sprung korrekt vorhergesagt wurde

Mit Methoden zur Vorhersage von Sprungzielen wird sich der ganze Abschnitt 6 befassen. Wir werden dort auch sehen, dass sich Verzögerungen im Ablauf durch falsch vorhergesagte Sprünge nie ganz vermeiden lassen.

3.2.4 Behandlung von Interrupts

Unterbrechungen (Interrupts, Exceptions) weisen gewisse Ähnlichkeiten mit Verzweigungen und Unterprogrammaufrufen auf. Sie können auch als ablaufbedingte Hemmnisse betrachtet werden.

Manche Ausnahmebehandlungen erfolgen unter Kontrolle des Programms und sind nachvollziehbar (synchron, siehe z.B. [1]). Bei MMIX sind das die TRIPs, die entweder durch das Programm durch TRIP-Befehle ausgelöst werden oder durch arithmetische Ausnahmen (Exceptions). Ferner gehören dazu die Betriebssystemaufrufe oder Forced TRAPs sowie die externen asynchronen Interrupts, ausgelöst durch externe Geräte. Das Programm, in das nach dem Auslösen eines TRIP oder TRAP verzweigt wird, nennt man *Handler*.

Ein TRIP-Befehl ändert den Kontrollfluss wie ein unbedingter Sprung (JMP) oder ein Unterprogrammaufruf. Bei den arithmetischen Ausnahmen, die ebenfalls TRIP-Handler aufrufen, ergibt sich aber erst im Laufe der Befehlsbearbeitung, ob eine Ausnahmebehandlung erforderlich ist. Ob also bei einer Operation ein Überlauf auftritt und der entsprechende TRIP-Handler aufzurufen ist, steht erst nach der Execute-Phase fest. Der Kontrollfluss des Programms an einer solchen Stelle verhält sich also wie ein falsch vorhergesagter bedingter Sprung.

Schwieriger sind externe (asynchrone) Interrupts zu behandeln. Diese lassen sich naturgemäß nicht vorhersagen. Auf solche Unterbrechungsanforderungen muss möglichst schnell reagiert werden. Bei Auftreten eines Interrupts muss ebenfalls in einen Handler verzweigt werden. Anschließend ist das unterbrochene Programm fortzusetzen. Dabei dürfen keine Befehle unterbrochen

werden, die bereits einen Teil der Zustandsänderungen bewirkt haben, aber
nicht komplett abgeschlossen sind. Beispielsweise darf ein Befehl, der in den
Speicher schreibt, keinesfalls nach der M- und vor der W-Phase unterbrochen werden. Dieser Befehl beschreibt möglicherweise das Spezialregister rA.
Nach der M-Phase hätte er seinen Wert an den Speicher übertragen, aber
das Beschreiben von rA erfolgt erst in der W-Phase. Befehle, die gerade erst
dekodiert werden, können aber durchaus wieder verworfen werden.

Bei Auftreten eines Interrupts werden also alle Befehle, die sich bereits in
einer späten Pipelinestufe (X oder M) befinden, fertig ausgeführt (hier ist
der Begriff des *Pipeline Draining* gebräuchlich.).

3.3 Weiterentwicklungen

Das in diesem Abschnitt vorgestellte Prinzip des Pipelining mit einer fünf-
stufigen Pipeline entspricht dem Entwicklungsstand der Großrechner von etwa 1980. Es hielt bei den Mikroprozessoren Einzug Anfang der achtziger
Jahre. Den ersten Schritt bildete die Einführung des Prefetching, auch schon
bei sehr einfachen Prozessoren, wie dem Intel 8080 von 1975. Viele Mikro-
controller arbeiten noch heute mit einer klassischen fünf-stufigen Pipeline.

Für den Bereich der teuren High-End Mikroprozessoren hat die wachsende
Menge an Transistoren, die sich auf einem Chip unterbringen lassen, neue
Möglichkeiten eröffnet. Die Entwickler wurden angespornt, Konzepte zu finden, mit denen sich die hohe Transistorzahl in einer möglichst großen Leistungssteigerung der Prozessoren niederschlägt.

Viele dieser Ideen versuchen, das Prinzip der Spezialisierung der Arbeit und
der parallelen Arbeit mehrerer Komponenten weiter auszubauen.

3.3.1 Längere Pipelines

Je schneller das Band laufen soll, desto kleiner müssen die Arbeitsschritte
eines Fließbands sein und desto kürzer ist die Verweilzeit in einer Stufe. Es
sind dann aber auch mehr Arbeiter erforderlich. Die Fertigungsdauer für ein
einzelnes Produkt verkürzt sich dadurch nicht. Im Gegenteil wird sie durch
steigenden Kommunikationsaufwand zwischen den Stufen sogar ansteigen.
Somit ist klar, dass eine von den Halbleiter-Herstellern als Verkaufsargument
angepriesene Erhöhung der Taktfrequenz (die ja eine Verkürzung der Takt-
dauer bedeutet), eine feinere Zergliederng der Arbeitsschritte erfordert, also
eine Erhöhung der Anzahl der Pipeline-Stufen.

Der letzte Prozessor von Intel mit einer nur fünf-stufigen Pipeline war der
486.

⟩ 3.3.2 Parallele Pipelines

Eine weitere Entwicklung finden wir 1993 beim Intel Pentium. Dieser Prozessor verfügt über zwei parallele Pipelines. Die Idee besteht darin, zwei Befehle gleichzeitig zu decodieren (sofern im Fetch Buffer zwei Befehle zur Verfügung stehen) und diese gleichzeitig durch die beiden parallelen Pipelines zur Durchführung der restlichen Phasen zu schicken. Die parallelen Pipelines heißen U-Pipe und V-Pipe, wobei beim Pentium einige Einschränkungen gelten: Im Gegensatz zur U-Pipe kann die V-Pipe nicht alle Befehle bearbeiten. Ferner gibt es viele so genannte *Pairing Rules*, die besagen, welche Befehlsarten nicht parallel bearbeitet werden können. Befehle können schließlich auch dann nicht parallel bearbeitet werden, wenn zwischen ihnen eine Read-After-Write-Abhängigkeit besteht [5].

Falls aufeinander folgende Befehle nicht parallel bearbeitet werden können, so bleibt eine der beiden Pipelines leer, und der zweite, nicht parallel ausführbare Befehl wird verzögert bearbeitet. Hier wird deutlich, dass die Anordnung von Befehlen im Programm einen Einfluss auf die Geschwindigkeit der Programmbearbeitung haben kann.

Programme so zu schreiben, dass die Möglichkeit zur Parallelverarbeitung auch ausgenutzt wird, ist Aufgabe des Programmierers oder eines optimierenden Compilers. Um effiziente Programme schreiben zu können, ist also unbedingt eine genaue Kenntnis der Prozessorarchitektur erforderlich.

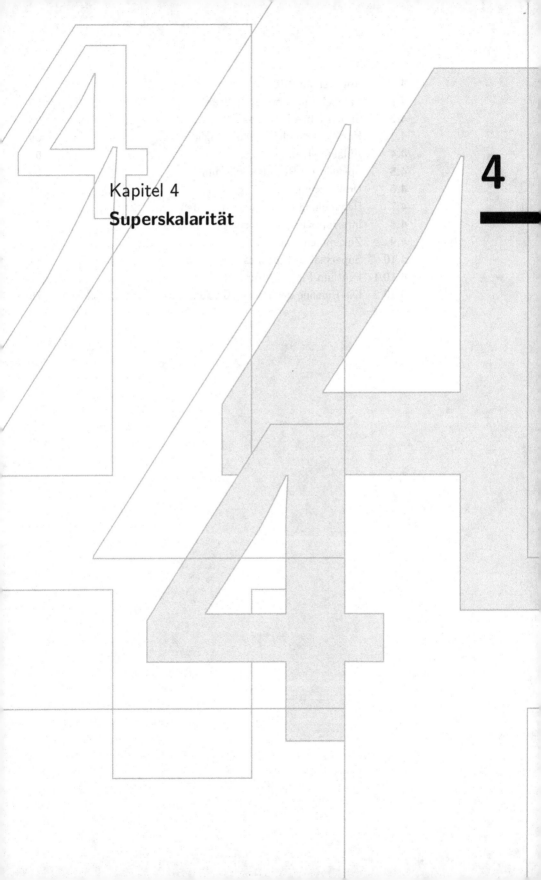

Kapitel 4
Superskalarität

4

4

4 Superskalarität

Wir wollen nun das Konzept mehrerer parallel arbeitender Funktionseinheiten weiter entwickeln. Prozessoren, die in der Lage sind, in einem Taktschritt mehrere Instruktionen eines konventionellen, linearen Programms auf verschiedene parallele Ausführungseinheiten zu verteilen, heißen *superskalar*.

4.1 Parallele Ausführungseinheiten

Zunächst greifen wir die für den Pentium entwickelte Idee nochmals auf. Wir wollen überlegen, wie es aussehen könnte, wenn MMIX zwei parallele Pipelines, U-Pipe und V-Pipe, hätte. Für den Pentium gelten allerdings komplizierte Regeln, welche Instruktionen parallel ausgeführt werden können, die Pairing Rules.

Wir wollen diese Eigenschaften des realen Pentium hier nicht detailliert betrachten. Insbesondere verbleiben wir bei fünf Stufen, wohingegen der Pentium über eine Stufe mehr verfügte. Wir nehmen ferner an, dass beliebige Instruktionen parallel ausgeführt werden können, sofern nicht die eine Operanden benötigt, die von der anderen erst berechnet werden. Diese Read-After-Write-Abhängigkeit können wir hier nicht mehr durch Forwarding lösen, wie im vorangegangenen Kapitel. Zunächst betrachten wir den Fall, dass parallele Instruktionen gleichzeitig fertiggestellt werden müssen. Überholen ist also nicht möglich, wenn etwa eine der beiden Instruktionen in einer Stufe warten muss (Speicherzugriff oder lang laufende Operation).

In Abbildung 4.1 ist die Situation dargestellt, dass die Fetch-Stufe gleichzeitig zwei Pipelines mit Instruktionen beschicken kann. Die beiden Pipelines heißen wie beim Pentium U-Pipe und V-Pipe. Voraussetzung für das gleichzeitige Versorgen beider Pipelines mit Befehlen ist, dass die Fetch-Stufe über zwei Befehle verfügt. Der bereits vorgestellte Mechanismus des Prefetching versucht, in einem Buffer immer genügend Instruktionen zu diesem Zweck vorrätig zu halten.

Betrachten wir einen kurzen Programmausschnitt aus mandelbrot.mms (siehe Anhang, Abschnitt A.3.1):

```
23          FADD    p,p,plow
24          FADD    q,q,qlow
25          SET     xk,0
26          SET     yk,0
27          SET     k,0
28   * Nächste Iteration: x_{k+1} = x_k^2 - y_k^2 + p
29 1H        INCL    k,1
```

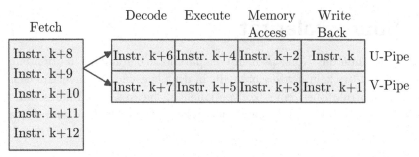

Abbildung 4.1. Denkmodell für MMIX mit zwei parallelen Pipelines, analog zum Pentium-Prozessor. Eine Fetch-Stufe kann gleichzeitig beide Pipelines mit Instruktionen beschicken. Die Instruktionen müssen aber synchron durch die Pipelines laufen, d.h. gegebenenfalls aufeinander warten

	1	2	3	4	5	6	7	8	9	
FADD q,q,qlow	F	D	X	X	X	X	M	W		U
SET xk,0	F	D	X				M	W		V
SET yk,0		F	D				X	M	W	U
SET k,0		F	D				X	M	W	V
INCL k,1			F				D	X	M	U
...										V

Abbildung 4.2. Ausführung von Befehlen mit zwei Ausführungseinheiten, analog zum Pentium. Parallel ausgeführte Befehle müssen aufeinander warten. In der letzten Spalte ist angegeben, auf welcher der beiden Pipelines U und V der jeweilige Befehl ausgeführt wird

Abbildung 4.2 zeigt das Pipeline-Diagramm für den Fall, dass die Befehle aus den Zeilen 24 und 25 parallel ausgeführt werden (die Situation unter Einbeziehung von Zeile 23 behandelt die nachfolgende Übung 4.1.1). Die beiden Befehle werden gemeinsam geladen und dekodiert. Der SET-Befehl muss drei Takte auf die Fertigstellung des FADD warten. Die Ausführung aller nachfolgenden Befehle verzögert sich entsprechend.

Durch den Übergang zu mehreren parallelen Ausführungseinheiten werden nicht nur zeitlich aufeinanderfolgende Pipeline-Stufen für verschiedene Befehle parallel ausgeführt, sondern es können sich mehrere Befehle gleichzeitig in derselben Pipeline-Stufe befinden. Man spricht von *zeitlicher* (*temporal*) und *räumlicher* (*spatial*) *Parallelität*. Der Hardwareaufwand zur Einführung räumlicher Parallelität ist ungleich größer als der beim Übergang zum Pipelining. Pipelining ermöglicht ja lediglich, Stufen parallel zu betreiben, die in jedem Fall schon vorhanden sind.

	1	2	3	4	5	6	7	8	
FADD q,q,qlow	F	D	X	X	X	X	M	W	U
SET xk,0	F	D	X	M	W				V
SET yk,0		F	D				X	M	U
SET k,0		F	D	X	M	W			V
INCL k,1			F				D	X	U
...									V

Abbildung 4.3. Pipelining mit zwei Ausführungseinheiten, bei denen die Befehle nicht mehr aufeinander warten müssen. In der letzten Spalte ist angegeben, auf welcher der beiden Pipelines U und V der jeweilige Befehl ausgeführt wird

Übung 4.1.1   4.1.1

1. Erweitern Sie das Diagramm aus Abbildung 4.2 unter der Annahme, dass der Befehl FADD p,p,plow aus Zeile 23 vorangehend ausgeführt wird und zwar auf der U-Pipe, ohne dass gleichzeitig mit ihm ein Befehl auf die V-Pipe geschickt wird.

2. Wie sähe das Diagramm aus, für den Fall, dass die Befehle aus Zeilen 23 und 24 gleichzeitig ausgeführt werden könnten?

Der nächste Schritt besteht darin, die Ausführungseinheiten unabhängig voneinander arbeiten zu lassen. Das bedeutet, dass man sich von der Vorschrift löst, dass die Befehle, die parallel bearbeitet werden, auch alle Phasen parallel durchlaufen und gegebenenfalls aufeinander warten müssen. Das Diagramm in Abbildung 4.3 zeigt für das obige Beispiel die Befehlsabarbeitung ohne Berücksichtigung dieser Vorschrift.

Die Befehle werden hier zwar noch in der Reihenfolge auf die Ausführungseinheiten verteilt, in der sie im Programm stehen, aber nicht mehr zwingend in dieser Reihenfolge fertig gestellt. Man spricht dabei von *Out-Of-Order-Ausführung* (Out-Of-Order-Execution) sowie *Out-Of-Order-Fertigstellung* (Out-Of-Order-Completion) [17]. Dem Diagramm aus Abbildung 4.3 ist zu entnehmen, dass die zwei der drei SET-Befehle, die auf den FADD folgen, vor diesem fertig gestellt werden (W-Phase).

Es bleibt festzuhalten, dass Programme oft unter der Annahme geschrieben werden, dass sie sequenziell Befehl für Befehl ausführen. Superskalare Prozessoren weichen jedoch von diesem Prinzip ab und parallelisieren die Befehlsausführung. Dennoch dürfen die Ergebnisse der Programmausführung natürlich nicht von den Ergebnissen abweichen, die sich ohne die Parallelisierung ergeben hätten. Da die Parallelisierung hier vom Prozssor vorgenommen wird, spricht man von *impliziter Parallelität*. Im Gegensatz dazu spricht man bei den VLIW-Prozessoren, für die explizit parallele Programme geschrieben werden, von *expliziter Parallelität*. Intel verwendet den Begriff des *Explicit Parallel Instruction Computing*, kurz EPIC.

Diese Vorgehensweise wirft einige Probleme auf, für die im Folgenden Lösungswege aufgezeigt werden:

— Bei der Ausführung des folgenden Fragments aus dem Programm zur Darstellung der Mandelbrotmenge (`mandelbrot.mms`) könnte der Fall auftreten, dass die Multiplikation in Zeile 35 blockiert, weil einer der Operanden noch nicht zur Verfügung steht:

```
FMUL    yk,xk,yk
SETH    xk,#4000
```

Wenn dann der `SETH`-Befehl überholt, könnte er den Operanden `xk` überschreiben, bevor er von dem Multiplikationsbefehl gelesen wurde. Dabei handelt es sich um einen so genannten *Write-After-Read-Konflikt*, über dessen Lösung in Abschnitt 4.3 ausführlich gesprochen werden wird.

— Nach dem Auftreten von Interrupts muss das unterbrochene Programm an einer genau definierten Stelle fortgesetzt werden können. Tritt im obigen Beispiel (vgl. Abbildung 4.3) nach Beendigung der `SET`-Befehle, aber vor Beendigung des `FADD` ein Interrupt auf, so lässt sich nicht eindeutig sagen, an welcher Stelle das laufende Programm unterbrochen wurde. Die Werte in den Registern `xk`, `yk` und `k` sind bereits aktualisiert, der Wert in `q` hingegen nicht. Im nächsten Abschnitt werden wir einen Mechanismus kennen lernen, der dafür sorgt, dass die überholenden Befehle zwar fertig gestellt, aber deren Ergebnisse in ihrer ursprünglichen Reihenfolge bestätigt werden.

— Ein analoges Problem ergibt sich, wenn bedingte Sprungbefehle andere Befehle überholen sollen, aber die Bedingung für den Sprung noch gar nicht zur Verfügung steht. Es können dann zwar weitere Befehle ausgeführt werden, aber nur aus einem der beiden Wege, die der Sprungbefehl einschlagen kann. Die endgültige Bestätigung der Ergebnisse kann erst erfolgen, wenn fest steht, ob der Sprung ausgeführt wird oder nicht.

4.2 Superskalare Pipelines

Aufgrund der eben angesprochenen Probleme ist offensichtlich, dass die Steuerung superskalarer Pipelines zusätzliche Aufgaben übernehmen muss und dazu neue Strukturen erfordert.

Jeder einzelne Befehl muss bei der Ausführung folgende Schritte durchlaufen:

- **Instruction Fetch.** Üblicherweise können mit einem Speicherzugriff bei den heute gängigen breiten Bussen mehrere Instruktionen gleichzeitig geladen werden. Es steht ein Puffer zur Verfügung (der *Fetch Buffer*), der möglichst kontinuierlich mit Instruktionen aus dem Speicher gefüllt wird. Diesem Puffer können dann Instruktionen zur Ausführung entnommen werden. Häufig wird mit dem Einbringen einer Instruktion in den Fetch Buffer bereits eine Vordekodierung der Befehle vorgenommen, sodass die anschließende Dekodierphase entfallen kann oder zumindest stark verkürzt wird. Wir lösen uns also von der Vorstellung, dass Instruktionen einzeln sequenziell nacheinander geladen werden. Durch diese Pufferung ist das Laden der Instruktionen gar keine Pipeline-Phase im bisherigen Sinn mehr.
- **Instruction Issue.** Instruktionen werden *in order* fertig dekodiert und auf freie Ausführungseinheiten (*Functional Units*, kurz FU, oder auch *Execution Unit*, kurz EU) zugeteilt (*issue*). Der Begriff „in order" meint, in der Reihenfolge, wie sie im abzuarbeitenden Programm stehen. In einem Taktzyklus können je nach Prozessor mehrere Instruktionen gleichzeitig auf functional units zugeteilt werden. Dieser Prozess stoppt allerdings, falls für die nächste Instruktion keine freie Ausführungseinheit mehr vorhanden ist. In diesem Fall liegt wiederum ein strukturelles Hemmnis vor.
- **Execute.** Instruktionen verweilen gegebenenfalls an ihrer Ausführungseinheit (Functional Unit), bis alle Operanden zur Verfügung stehen. So lange wird diese Ausführungseinheit blockiert. Es handelt sich hierbei wieder um den bereits besprochenen Read-After-Write-Konflikt.

  Dadurch werden Instruktionen nicht unbedingt in der Reihenfolge fertig ausgeführt, wie sie im Programm erscheinen. Man spricht deshalb von *Out-Of-Order-Ausführung*(Out-Of-Order-Execution), oft abgekürzt mit OOO. Fertig ausgeführte Instruktionen verlassen ihre Ausführungseinheit und warten darauf, dass ihr Ergebnis zurück geschrieben werden kann.
- **Commit.** Fertig ausgeführte Instruktionen werden hier in order bestätigt (*Commit*), d.h. ihre Ergebnisse werden in die Zielregister geschrieben. Dies entspricht der W-Phase (Write Back) bei der klassischen fünf-stufigen Pipeline. Result Forwarding ist natürlich auch hier möglich, d.h. Ergebnisse stehen für nachfolgende Befehle zur Verfügung, bevor sie endgültig bestätigt wurden. Es können pro Taktzyklus durchaus mehrere Instruktionen bestätigt werden.

Für den Ablauf ist also festzuhalten:
- Befehle werden in order zugeteilt,
- danach möglicherweise Out-Of-Order ausgeführt
- und schließlich in order bestätigt.

4.3 Konflikte durch Datenabhängigkeiten

In diesem Abschnitt untersuchen wir die Auswirkungen der impliziten Parallelisierung der Ausführung von Programmen durch einen superskalaren Prozessor. Wir wollen zunächst an ein paar Beispielen überlegen, welche Bedeutung die Reihenfolge hat, in der die Instruktionen im Programm stehen.

Lesen Sie die folgenden Programmfragmente aus `mandelbrot.mms` und überlegen Sie – bevor Sie die Erklärung dazu lesen – ob die Reihenfolge der Instruktionen wichtig ist, d.h. ob die Instruktionen vertauscht werden könnten.

❯ **Programmfragment 1**

30	FMUL	temp1,xk,xk	x_k^2
31	FMUL	temp2,yk,yk	y_k^2

In diesem Fall sprechen keine Gründe gegen das Vertauschen der beiden Zeilen.

❯ **Programmfragment 2**

50	ADD	temp2,temp2,bildx
51	STBU	k,temp1,temp2

Hier darf die Reihenfolge nicht vertauscht werden, da sonst der Wert k in Zeile 51 an die falsche Adresse gespeichert würde. Diese Art von Abhängigkeit haben wir bereits als Read-After-Write-Abhängigkeit kennen gelernt.

❯ **Programmfragment 3**

35	FMUL	yk,xk,yk	
36	SETH	xk,#4000	2,0 (Gleitkommawert!)
37	FMUL	yk,yk,xk	$2 \times y_k$

Die Befehle in Zeilen 35 und 37 sind hier gleich und dürfen natürlich gegeneinander getauscht werden. Ansonsten darf auch hier die Reihenfolge nicht vertauscht werden, aber aus einem anderen Grund als eben: xk würde sonst überschrieben, bevor der alte Wert für die Berechnung in Zeile 35 verwendet worden wäre. In Zeile 36 wird xk mit einem konstanten Wert für weitere Berechnungen überschrieben.

Die Abhängigkeit der beiden Zeilen ist in diesem Fall aber nicht so extrem wie eben. Denn es gäbe eine programmiertechnische Alternative, nach deren Anwendung sich die beiden Zeilen 35 und 36 theoretisch vertauschen ließen: Zur Aufnahme des konstanten Gleitkommawerts 2,0 könnte ein anderes Register verwendet werden, nämlich sinnvollerweise eines der vorgesehenen temporären Register, `temp2`:

35	FMUL	yk,xk,yk
36	SETH	temp2,#4000 $2,0$ (Gleitkommawert!)
37	FMUL	yk,yk,temp2 $2 \times y_k$

Diese Art der Abhängigkeit nennt sich *Write-After-Read-Abhängigkeit*, kurz WAR. Weil keine Daten von einem Befehl zum nächsten weiter gegeben werden müssen, spricht man auch oft von einer *Antidependence*[1], siehe etwa [17, 19], gelegentlich auch von einer *falschen Abhängigkeit* (*False Dependence*) [33].

▶ **Programmfragment 4**

37	FMUL	yk,yk,xk
38	FADD	yk,yk,q

Abgesehen von der hier vorliegenden RAW-Abhängigkeit, darf die Reihenfolge nicht vertauscht werden, da sonst ein falsches Ergebnis im Register yk abgelegt würde. Die beiden Zeilen berechnen yk = yk * xk + q. Im Falle des Vertauschens wäre die Semantik yk = (yk + q) * xk. Hier spricht man von einer *Write-After-Write-Abhängigkeit*, kurz WAW, gelegentlich auch von einer *Output Dependence*.

WAR und WAW-Abhängigkeiten ergeben sich oft dann, wenn sehr sparsam mit Registern umgegangen wird. In solchen Fällen lässt sich die Abhängigkeit vermeiden, wenn andere Register verwendet werden. Man spricht deshalb auch oft von *Namensabhängigkeiten* (*Name Dependence*).

Eine Zusammenfassung der Abhängigkeiten enthält Tabelle 4.1.

Die hier genannten Abhängigkeiten müssen beim Versuch, sukzessive Befehle parallel auszuführen, berücksichtigt werden. Muss die Ausführung eines Befehls aufgrund einer Abhängigkeit verzögert werden, so spricht man von einem *Konflikt*.

Die Abhängigkeiten zwischen den Befehlen werden oft als gerichteter Graph, der *Abhängigkeitsgraph*, dargestellt. Die einzelnen Befehle bilden dessen Knoten. Ein Pfeil (gerichtete Kante) zeigt von einer Instruktion a zu einer zweiten Instrukltion b, wenn zwischen b und a eine Abhängigkeit besteht. Für die Zeilen 30 bis 45 des Programms mandelbrot.mms ist der Abhängigkeitsgraph in Abbildung 4.4 gezeichnet. In Abhängigkeitsgraphen werden üblicherweise keine transitiven Kanten angegeben. Das bedeutet, wenn b von a abhängt und c von b, so wird die Abhängigkeit c von a nicht dargestellt.

---

[1]Der deutsche Begriff Gegenabhängigkeit ist ungebräuchlich.

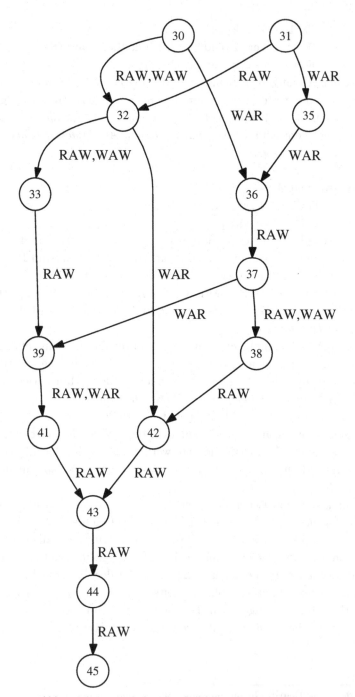

Abbildung 4.4. Abhängigkeiten zwischen den Befehlen von `mandelbrot.mms` in Zeilen 30 bis 45

Tabelle 4.1. Zusammenfassung aller Arten von Datenabhängigkeiten. Betrachtet werden zwei Befehle a und ein Nachfolger b. Dabei muss b nicht unbedingt der unmittelbare Nachfolger von a sein. Nicht jede Abhängigkeit muss zu einem Konflikt, also einem Stillstand (stall) bei der Befehlsausführung, führen

Kürzel	Terminologie	Beschreibung
RAW	Read-After-Write, true dependence	Der Befehl b benutzt (liest) das Ergebnis seines Vorgängers a. Ein Konflikt tritt dann auf, wenn das Ergebnis noch nicht zur Verfügung steht.
WAR	Write-After-Read, name dependence, antidependence	Der Befehl b überschreibt einen Wert, der vom Vorgänger a benötigt wird. Ein Konflikt kann nur auftreten, falls b den Wert überschreiben würde, bevor a ihn gelesen hat.
WAW	Write-After-Write name dependence, antidependence	Beide Befehle a und b beschreiben dasselbe Register (oder dieselbe Speicheradresse). Ein Konflikt kann nur dann auftreten, wenn b vor a schreiben würde.
RAR	Read-After-Read	Befehle a und b lesen denselben Wert. Hier liegt keine Abhängigkeit vor. Ein Konflikt könnte allenfalls auftreten, falls ein Wert nicht von zwei Befehlen gleichzeitig gelesen werden könnte.

4.4 Ablaufsteuerung

Um Befehle Out-Of-Order ausführen zu können, ist eine Ablaufsteuerung erforderlich, die sowohl über die korrekte Reihenfolge der Befehle Buch führt, als auch die erforderlichen Operanden zuführt. Operanden können dabei aus Registern kommen oder durch Forwarding bereitgestellt werden von zwar bereits ausgeführten, aber noch nicht bestätigten Befehlen. Dazu wird ein Puffer angelegt, der so genannte *Reorder Buffer* (*Umsortierpuffer*, kurz ROB), in den für jeden Befehl ein Eintrag abgelegt wird, sobald er auf eine Ausführungseinheit zugewiesen wird (issue). Dies kann möglicherweise sogar geschehen, während vorangehende Befehle noch damit beschäftigt sind, benötigte Operanden zu berechnen. Stehen Operanden nicht zur Verfügung, so wartet der Befehl und blockiert seine Ausführungseinheit (stall). Ist der Befehl ausgeführt, so gibt er seine Ausführungseinheit wieder frei, bleibt aber im Reorder Buffer, bis er bestätigt wird. Die Bestätigung kann erst dann erfolgen, wenn alle vorangehenden Befehle bestätigt sind.

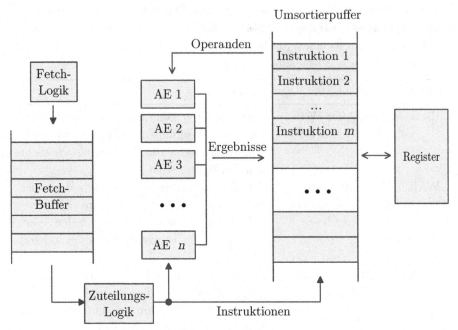

Abbildung 4.5. Kern einer superskalaren Pipeline. Der Fetch Buffer wird möglichst kontinuierlich mit Befehlen gefüllt. Befehle werden in-order von einer Zuteilungslogik dem Fetch Buffer entnommen und sowohl auf Ausführungseinheiten (AE) zugeteilt als auch gleichzeitig in den Reorder Buffer (Umsortierpuffer) eingetragen

Abbildung 4.5 zeigt den Kern einer superskalaren Pipeline mit Fetch Buffer, Reorder Buffer, Ausführungseinheiten und Registern.

Da Befehle in genau der Reihenfolge zugeteilt werden, in der sie ausgeführt werden müssen, stehen die Einträge zu den Befehlen in exakt dieser Reihenfolge im Reorder Buffer. Der Reorder Buffer ist ein so genannter *First-In-First-Out-Puffer* (kurz *FIFO*). Das bedeutet, dass die Befehle ihn bei der Bestätigung (commit) in genau der Reihenfolge verlassen, in der sie bei der Zuteilung (issue) hineingeschrieben werden. Es werden ständig neue Befehle in den Puffer eingebracht, gleichzeitig werden andere Befehle ausgeführt und wieder andere Befehle werden bestätigt und verlassen den Puffer. In der Darstellung von Abbildung 4.5 wandern die Befehle in diesem Prozess von unten nach oben. Man kann bildlich davon sprechen, dass die Befehle in diesem Puffer reifen bzw. dass der Puffer ein kaltes Ende hat, wo die Befehle hinein kommen (im Bild unten) und ein heißes Ende wo ihn die Befehle verlassen (im Bild oben).

Wenn eine Instruktion den Wert eines Registers $X als Operanden benötigt, das Register $X aber als Ergebnisregister eines noch in Ausführung befindlichen Befehls angegeben ist, dann wird die Instruktion so lange aufgehalten, bis das Ergebnis verfügbar ist. Hier liegt eine Read-After-Write-Abhängigkeit vor. Wenn also ein neuer Befehl zugeteilt wird, muss der Reorder Buffer vom kalten Ende her durchsucht werden, ob einer der eingetragenen Befehle eines der Operandenregister des neuen Befehls als Ergebnisregister beschreiben will. Der erste (kälteste) Eintrag, der gefunden wird, muss dann beobachtet werden. Sobald das Ergebnis zur Verfügung steht, kann es mittels Forwarding an die wartende Instruktion geleitet werden, auch wenn es noch nicht in ein Register geschrieben wurde.

Zusammenfassend lässt sich der Weg, den ein Befehl geht, so beschreiben:

1. Eine freie Ausführungseinheit wird gesucht. Ist eine verfügbar, so wird sie durch den Befehl belegt und ein Eintrag im Reorder Buffer wird angelegt.

2. Die Operanden werden bereitgestellt. Für jeden Operanden wird der Reorder Buffer vom kalten zum heißen Ende durchsucht. Findet sich kein Befehl, der als Ergebnis den Operanden liefert, so wird der Wert aus dem Register genommen und an die Ausführungseinheit durchgereicht. Andernfalls wird der Wert von dem vorangehenden Befehl übernommen bzw. der Befehl beobachtet, falls er noch nicht fertig ausgeführt ist.

3. Der Befehl wird ausgeführt. Ist die Ausführung beendet, so wird das Ergebnis im Eintrag des Befehls im Reorder Buffer vermerkt.

4. Der Befehl wird bestätigt, d.h., seine Ergebnisse werden in die entsprechenden Register übernommen.

Ein Eintrag für einen Befehl im Reorder Buffer kann die folgenden Informationen enthalten [17, 22]:

— Befehlswort der Instruktion. Damit ist die Instruktion beschrieben, einschließlich der Operanden.

— Die Ausführungseinheit (AE), die diesen Befehl ausführt. Bei beendeten Befehlen ist dieses Feld ohne Bedeutung.

— Ein Status, der anzeigt, ob die Instruktion noch auf Operanden wartet, sich bereits in Ausführung befindet oder bereits fertig gestellt ist. Wir verwenden anschließend das von audio-visuellen Geräten her bekannte Pausesymbol ❚❚ für wartend (stalled) bzw. das Startsymbol ▶ für laufend und ein Häkchen für fertig ausgeführt: ✔.

— Die Werte der Operanden: Q_Y und Q_Z. Wie wir gesehen haben, müssen diese Werte beim Eintragen der Instruktion in den Reorder Buffer noch gar nicht zur Verfügung stehen; die Instruktion wird in diesem Fall auf fehlende Operanden warten (Hazard durch eine Read-After-Write-Abhängigkeit).

— Um fehlende Operanden schnell zu bekommen, wird vermerkt, welche Befehle im Reorder Buffer zu beobachten sind. Dazu dienen zwei Zeiger V_Y

und V_Z. Wenn einer dieser Zeiger nicht auf einen Eintrag im ROB zeigt, dann bedeutet das, dass der Operand bereits zur Verfügung steht.

— Zielort, an den das Ergebnis der Instruktion geschrieben werden soll. Dabei kann es sich um ein Register handeln, aber auch um eine Speicheradresse, falls der Befehl schreibend auf den Speicher zugreift.

— Ergebnis der Instruktion. Diese Information ist nur dann gültig, wenn die Instruktion als bereits fertig gestellt gekennzeichnet ist. Dieser Wert kann an andere Instruktionen als Operand weiter gegeben werden (Forwarding) und er wird bei Bestätigung (commit) des Befehls in das Ergebnisregister geschrieben.

❯ Ausführliches Beispiel

Als Beispielkonfiguration betrachten wir einen Prozessor mit folgenden vier Ausführungseinheiten:

— INT1 und INT2: Zwei identische Einheiten für alle ganzzahligen Operationen mit Ausnahme der Multiplikation.

— FPU (Floating Point Unit): Für alle Gleitkommaoperationen außer der Multiplikation.

— MUL: Zum Multiplizieren von ganzen Zahlen sowie von Gleitkommazahlen.

Wir nehmen an, dass der Reorder Buffer Platz für vier Einträge bietet und je Takt bis zu zwei Befehle zugeteilt (issue) und zwei bestätigt werden können (commit).

Wir untersuchen den Ablauf für einen kurzen Ausschnitt aus dem Programm mandelbrot.mms näher:

37   FMUL   yk,yk,xk $2 \times y_k$

38   FADD   yk,yk,q

39   SET   xk,temp1   xk kann überschrieben werden

40 $* r = x_{k+1}^2 + y_{k+1}^2$

41   FMUL   temp1,xk,xk

Wir lassen im Augenblick außer Acht, dass als Operand sowie als Ergebnis zusätzlich noch je ein Spezialregister beteiligt sein können.

Wir nehmen an, dass zu Beginn keine der Ausführungseinheiten belegt und der Reorder Buffer leer ist. Alle betrachteten Instruktionen stehen im Fetch Buffer bereit. Im Takt t_0 werden die Instruktionen FMUL yk,yk,xk auf die Multiplikationseinheit MUL und FADD yk,yk,q auf die Floating Point Unit FPU zugeteilt. Die Operanden für die Multiplikation stehen bereits in Registern \$3 und \$4 zur Verfügung, weil keine Vorgängerbefehle im Reorder Buffer eingetragen sind. Die Multiplikation wird also sofort ausgeführt. Die

Addition hingegen benötigt als Operanden das Ergebnis der Multiplikation. Wir sehen hier ein Beispiel einer Read-After-Write-Abhängigkeit. Die Abhängigkeit wird durch einen Eintrag im Zeiger V_Y vermerkt. Die Addition bleibt stehen (stall), bis das Ergebnis der Multiplikation fest steht. Bei dem Operanden yk ($4) der Addition ist der Multiplikationsbefehl bzw. die ihn ausführende Einheit als zukünftige Quelle des Operanden einzutragen. Der zweite Operand q wird sofort aus Register $2 übernommen. Beide Instruktionen werden in den Reorder Buffer aufgenommen. Die Multiplikation wird als laufend gekennzeichnet und die Addition als blockiert (stalled):

| t_0 | | | Operanden | | | | |
Befehl	unit	Status	Q_Y	Q_Z	V_Y	V_Z	Ergebnis
FMUL yk,yk,xk	MUL	▶	$4	$3	—	—	$4 (ungültig)
FADD yk,yk,q	FPU	∥	—	$2	FMUL	—	$4 (ungültig)
—							

Im nächsten Takt t_1 wird nur eine neue Instruktion gestartet, weil keine weitere Ausführungseinheit für den übernächsten Befehl zur Multiplikation von Gleitkommazahlen verfügbar ist (ein strukturelles Hemmnis). Der Operand dieses SET-Befehls ist bereits verfügbar (temp1) und so wird er sofort ausgeführt:

| t_1 | | | Operanden | | | | |
Befehl	unit	Status	Q_Y	Q_Z	V_Y	V_Z	Ergebnis
FMUL yk,yk,xk	MUL	▶	$4	$3	—	—	$4 (ungültig)
FADD yk,yk,q	FPU	∥	—	$2	FMUL	—	$4 (ungültig)
SET xk,temp1	INT1	▶	$10	×	—	—	$3 (ungültig)
—							

Im Takt t_2 ist der SET-Befehl bereits fertig ausgeführt, kann aber noch nicht bestätigt werden, weil die beiden vorangehenden Instruktionen FMUL und FADD noch nicht beendet sind. Der SET-Befehl wurde also Out-Of-Order ausgeführt und hat die beiden Vorgänger überholt. Der dritte Eintrag im Reorder Buffer gibt einen aktuellen Wert für Register $3 an. Dieser müsste als Operand für einen nachfolgenden Befehl verwendet werden, sofern dieser auf $3 als Operanden zurückgreifen würde.

Es könnte nun ein weiterer Befehl auf der INT1-Ausführungseinheit gestartet werden. Der nächste zur Ausführung anstehende Befehl ist aber ein FMUL, der dort nicht ausgeführt werden kann. Da wir voraussetzen, dass Befehle in order zugeteilt werden, wird die Zuteilung aller weiteren Befehle gestoppt. Hier liegt wiederum ein strukturelles Hemmnis vor. Weil die Multiplikation

FMUL noch zwei Takte läuft, bleibt die Situation in den beiden Takten t_2 und t_3 unverändert:

t_2 und t_3			Operanden				
Befehl	unit	Status	Q_Y	Q_Z	V_Y	V_Z	Ergebnis
FMUL yk,yk,xk	MUL	▶	$4	$3	—	—	$4 (ungültig)
FADD yk,yk,q	FPU	❚❚	—	$2	FMUL	—	$4 (ungültig)
SET xk,temp1	—	✔	$10	×	—	—	$3
—							

Nun ist die Multiplikation beendet und kann anschließend bestätigt werden. Damit ist auch der zweite Operand für die Addition verfügbar. Der FADD-Befehl wird in t_4 sofort ausgeführt. Ferner folgt sofort die nächste FMUL-Instruktion aus Zeile 42 auf die nun frei gewordene Ausführungseinheit MUL nach. Diese Multiplikation bezieht ihren Operanden xk nicht aus dem entsprechenden Register $3, sondern durch den Mechanismus des Forwarding von dem vorangehenden Eintrag des SET-Befehls im Reorder Buffer. In der Darstellung ist durch einen Stern * gekennzeichnet, dass der Wert durch Forwarding übernommen wird. Der FMUL-Befehl kann dadurch auch sofort ausgeführt werden:

t_4			Operanden				
Befehl	unit	Status	Q_Y	Q_Z	V_Y	V_Z	Ergebnis
FMUL yk,yk,xk	—	✔	$4	$3	—	—	$4
FADD yk,yk,q	FPU	▶	$4*	$2	—	—	$4 (ung.)
SET xk,temp1	INT1	✔	$10	×	—	—	$3
FMUL temp1,xk,xk	MUL	▶	$3*	$3*	—	—	—

Die beendete Multiplikation wird bestätigt in t_5, verlässt damit den Reorder Buffer und das Ergebnis wird in das Register $4 geschrieben:

t_5			Operanden				
Befehl	unit	Status	Q_Y	Q_Z	V_Y	V_Z	Ergebnis
FADD yk,yk,q	FPU	▶	$4*	$2	—	—	$4 (ung.)
SET xk,temp1	—	✔	$10	×	—	—	$3
FMUL temp1,xk,xk	MUL	▶	$3*	$3*	—	—	$10 (ung.)
—							

Die Werte in Registern $4 und $10 sind im Moment ungültig. Falls zu diesem Zeitpunkt ein Interrupt aufträte, so würde der Reorder Buffer geleert werden und das Ergebnis des bereits ausgeführten SET-Befehls müsste verworfen werden. Als aktueller Wert des Programmzählers würde die Adresse des laufenden FADD-Befehls gesichert. Die Befehlsausführung würde mit den

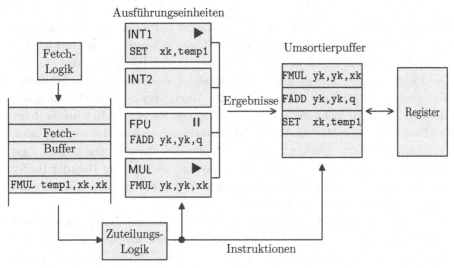

Ausführungseinheiten

Umsortierpuffer

Abbildung 4.6. Zustand von Fetch Buffer, Ausführungseinheiten und Reorder Buffer für das auf Seite 66 beginnende Beispiel zum Zeitpunkt t_1

Befehlen der Interrupt-Serviceroutine fortgeführt. Nach deren Beendigung müssten alle unterbrochenen Befehle erneut geladen und zur Ausführung gebracht werden.

Die Situation in den Takten t_2 und t_3 ist unter Verwendung der Elemente aus Abbildung 4.5 in Abbildung 4.6 dargestellt. Die Status-Information wurde für diese Abbildung bei den Ausführungseinheiten angegeben.

Übung 4.4.1 Zeichnen Sie den Zustand des Reorder Buffer analog zu Abbildung 4.6 für die Zeitpunkte t_2/t_3 und t_4. Nehmen Sie dazu an, dass mittlerweile zwei weitere Befehle geladen wurden.

4.4.1

4.5 Spekulative Befehlsausführung

4.5

Wir haben gesehen, wie sich Befehle bei der Ausführung überholen können. Die Ausführung von Befehlen, bevor ihre Vorgänger im Sinne der Programmreihenfolge fertig sind, geschieht immer spekulativ. Wenn nämlich ein Interrupt auftritt, so müssen alle bereits fertig gestellten, aber noch nicht bestätigten Befehle durch ein Leeren des Reorder Buffer verworfen werden. Nach Beendigung einer Interrupt-Serviceroutine müssen diese Befehle erneut ausgeführt werden.

Bisher haben wir es vermieden, über bedingte Sprungbefehle (Verzweigungen) zu sprechen. Da nicht a priori fest steht, ob ein Sprung ausgeführt werden wird oder nicht, arbeiten moderne Prozessoren auch hier spekulativ [32, 35]. Die Programmausführung folgt dabei zunächst einer der beiden möglichen Verzweigungsrichtungen, selbst wenn der Wert, von dem die Verzweigung abhängt, noch gar nicht zur Verfügung steht. Der Sprungbefehl wird im Reorder Buffer blockiert, bis die Bedingung zuverlässig ausgewertet werden kann, und weitere Befehle können überholen. Sollte sich dann heraus stellen, dass die falschen Befehle ausgeführt wurden, so sind sie aus dem Reorder Buffer zu entfernen und die Programmausführung wird in der anderen Richtung der bedingten Verzweigung fortgeführt.

Wir werden in Kapitel 6 Methoden kennen lernen, um die Sprungrichtung vorherzusagen. Bereits hier ist einzusehen, dass jede falsche Vorhersage den Programmablauf deutlich behindert, denn die Ausführung ist einschließlich Instruction Fetch neu aufzusetzen.

> **Beispiel**

Zur Veranschaulichung dieses Sachverhalts ziehen wir wieder einen Ausschnitt aus `mandelbrot.mms` heran:

```
43        FADD    r,temp1,temp2
44        FCMP    test,r,:M
45        BNP     test,2F
46        LDA     temp1,:Bmp:data
```

Der LDA-Befehl in Zeile 46 wird vom Assembler in einen SETH umgesetzt [1]. Zum Zeitpunkt t_0 sei die Addition fertig, der Vergleich FCMP und der Sprungbefehl werden zugeteilt. Die Ausführung des FCMP kann sofort beginnen, aber der Sprungbefehl in Zeile 45 blockiert, weil er vom Ergebnis des Vergleichs abhängt:

t_0			Operanden				
Befehl	unit	Status	Q_Y	Q_Z	V_Y	V_Z	Ergebnis
FADD r,r,temp1	—	✔	$6	$10	—	—	$6
FCMP test,r,:M	FPU	▶	$6*	$254	—	—	$9 (ungültig)
BNP test,2F	INT1	❚❚	—	2F	FPU	—	—
—							

Im nächsten Takt t_1 ist der Vergleich fertig, der Sprungbefehl wird ausgeführt. Deshalb wird der LDA-Befehl auf die zweite Ausführungseinheit für ganzzahlige Operationen INT2 zugeteilt und beginnt sofort mit der Ausführung. Die Vorhersage des Sprungergebnisses für den BNP habe hier voraus gesagt, dass der Sprung nicht erfolgt.

t_1			Operanden				
Befehl	unit	Status	Q_Y	Q_Z	V_Y	V_Z	Ergebnis
`FCMP test,r,:M`	—	✔	$6	$254	—	—	$9
`BNP  test,2F`	INT1	▶	$9∗	2F	—	—	—
`LDA  temp1,...`	INT2	▶	Direktop.	×	—	—	$10 (ung.)

Zum Zeitpunkt t_2 sind sowohl der `BNP` als auch der `LDA` fertig, aber es stellt sich heraus, dass der `LDA` gar nicht auszuführen ist, weil der Sprung ausgeführt wird und das Programm mit einem ganz anderen Befehl als angenommen fortgesetzt werden muss. Der bereits ausgeführte Befehl muss also verworfen werden, was durch das Symbol ✗ veranschaulicht wird. Als Ergebnis des Sprungbefehls wird hier ein neuer Wert für den Befehlszähler BZ bereit gestellt:

t_2			Operanden				
Befehl	unit	Status	Q_Y	Q_Z	V_Y	V_Z	Ergebnis
`BNP  test,2F`	—	✔	$9*	2F	—	—	Neuer BZ
`LDA  temp1,:Bmp:data`	—	✗	—	—	—	—	—
—							
—							

Wenn der erste Befehl vom tatsächlichen Sprungziel nicht schnell genug bereit gestellt werden kann, dann ist der Reorder Buffer im nächsten Taktzyklus t_3 leer.

4.6 Umbenennung von Registern

Wie wir in den vorangegangenen Abschnitten gesehen haben, werden im Reorder Buffer Kopien von Operanden sowie Ergebnisse gespeichert. Diesen Aspekt wollen wir nun etwas genauer betrachten. Wir nehmen zur Beispielkonfiguration von Seite 66 eine Ausführungseinheit für Speicherzugriffe hinzu (Load-And-Store-Unit, kurz LSU) sowie einen fünften Eintrag im Reorder Buffer. Der Reorder Buffer sehe zu einem Zeitpunkt t_0 folgendermaßen aus:

t_0			Operanden				
Befehl	unit	Status	Q_Y	Q_Z	V_Y	V_Z	Ergebnis
`LDO $1,$254,0`	LSU	▶	$254	0	—	—	$1 (ung.)
`BP  $1,1F`	INT1	❚❚	—	×	LSU	—	neuer BZ (ung.)
`ADD $2,$3,$4`	—	✔	$3	$4	—	—	$2 (gültig)
—							
—							

Wir gehen davon aus, dass der Ladebefehl (erster Eintrag) sehr lange läuft und andere Befehle überholen können. Der `BP`-Befehl (zweiter Eintrag) beobachtet die Load-And-Store-Unit, weil er deren Ergebnis benötigt. Der Additionsbefehl (dritter Eintrag) wurde spekulativ ausgeführt. Sollte sich herausstellen, dass er nicht hätte ausgeführt werden dürfen, so darf unter keinen Umständen der von ihm berechnete Wert im Register $2 stehen. Es muss dafür Sorge getragen werden, dass der alte Wert von $2 erhalten bleibt.

Angenommen, es sei SUB $2,$2,1 der nächste zur Ausführung kommende Befehl. Dieser Befehl kann sofort ausgeführt werden, muss aber unbedingt auf den spekulativen Wert zurückgreifen, den sein Vorgänger berechnet hat (Read-After-Write-Abhängigkeit). Auch hier gilt, dass der berechnete Wert später nur dann als Inhalt von $2 übernommen werden darf, wenn sich der Sprungbefehl als richtig vorhergesagt herausstellt.

Wir nehmen nun an, dass der nächste zur Ausführung kommende Befehl ADD $1,$4,1 sei. Alle Operanden sind sofort verfügbar, aber das Ergebnis darf nicht den Wert von $1 überschreiben, den der vorangehende BP-Befehl benötigt (Write-After-Read-Abhängigkeit). Wir haben gesehen, dass für das Zwischenspeichern solcher spekulativen Werte zusätzliche Register verwendet werden, um die Befehlsausführung weiter zu erhalten. Sie ermöglichen spekulative Befehlsausführung, also das Überholen von noch nicht ausgeführten Befehlen, wenn einzelne Befehle sehr lang brauchen.

Wir müssen also zwei Arten von Registern unterscheiden: Die Register, die den Zustand des Prozessors nach dem letzten bestätigten Befehl beschreiben. Dieser Zustand dient als Ausgangspunkt, wenn ein Interrupt die Unterbrechung des laufenden Programms erfordert oder wenn sich ein Sprung als falsch vorhergesagt entpuppt. Das sind die im Befehlssatz beschriebenen Register, wir sprechen von *Befehlssatzregistern* oder *Zustandsregistern*. Man nennt diese Register im Englischen *Architectural Registers*. Demgegenüber heißen die Register zum Zwischenspeichern von Operanden und spekulativen Ergebnissen *Umbenennungsregister* (*Rename Register*) oder *Schattenregister*. Wir haben bisher die Schattenregister als Teil der Einträge des Reorder Buffer betrachtet. Das Vorhalten der dafür notwendigen Register erfordert einen großen Aufwand. Erschwerend kommt hinzu, dass einige Befehle mehr als ein Ergebnis produzieren können, was wir bislang ganz außer Acht gelassen haben: Bei MMIX liefert die Division DIV den ganzzahligen Quotienten sowie den Divisionsrest in zwei unterschiedlichen Registern. Einige Befehle benötigen ferner noch einen dritten Operanden. Bei MMIX kann z.B. für die Division DIV ein 128-Bit-langer Dividend angegeben werden, durch Eintrag der führenden 64 Bit im Spezialregister rD [1]. Es bedeutet einen zu großen Aufwand, bei jedem Eintrag im Reorder Buffer für alle vorkommenden Fälle Schattenregister vorzuhalten. Daher werden häufig eigene Register für solche Zwischenergebnisse an einer zentralen Stelle zusammengefasst (Register Pool). Die Einträge im Reorder Buffer enthalten dann nur noch Zeiger auf die zugeordneten Register des Pools, d.h. sie speichern deren Nummern. Es ist üblich, die Umbenennungsregister getrennt von den Befehlssatzregistern in einem eigenen Registersatz zu verwalten.

Bei der Zuteilung eines Befehls auf eine Ausführungseinheit werden ihm erforderliche Umbenennungsregister zugewiesen, falls eine ausreichende Anzahl davon verfügbar ist. Ansonsten kommt der Zuteilungsprozess zum Stillstand, ein strukturelles Hemmnis. Der Wert in dem zugeteilten Register wird zunächst als ungültig gekennzeichnet, weil das Ergebnis dort ja noch nicht abgelegt wurde. Das zugeteilte Register wird allerdings als belegt gekennzeichnet. Bei Beendigung der Ausführung des Befehls wird das Ergebnisregister als gültig gekennzeichnet und bei der Bestätigung des Befehls das Ergebnis in das Befehlssatzregister durch Umkopieren des Inhalts übernommen. Dabei wird das Schattenregister auch wieder frei gegeben.

Wie oben beschrieben, werden beim Eintrag eines neuen Befehls in den Reorder Buffer üblicherweise die vorangehenden Einträge durchsucht, um die aktuellsten Werte für dessen Operanden aufzufinden. Man spricht dann von *impliziter Umbenennung*, da nirgends explizit vermerkt ist, wo sich der jüngste spekulative Wert eines Registers befindet [34]. Diese Situation ist in Abbildung 4.7 veranschaulicht für das obige Beispiel von Seite 71. Dabei geben wir nur ein Ergebnis je Befehl an. Für das Register $2 finden sich in dieser Situation insgesamt drei Werte: Zunächst der Wert im Befehlssatzregister $2. Dies ist der Wert, der im Falle eines Interrupts gilt und gesichert werden müsste. Ferner der von der Addition ADD $2,$3,$4 erzeugte Wert, mit dem das Befehlssatzregister $2 bei der folgenden Bestätigung des Befehls zu überschreiben ist. Schließlich noch der spekulative Wert, der durch die Subtraktion SUB $2,$2,1 berechnet wurde. Diese Subtraktion ist der jüngste (kälteste) Befehl, der einen Wert für $2 liefert. Ein neuer Befehl, der auf $2 zugreift, müsste diesen Wert verwenden. Im Gegensatz dazu ist z.B. für das Register $4 kein spekulativer Wert vorhanden. Hier muss auf das entsprechende Befehlssatzregister zugegriffen werden.

Müssen spekulativ ausgeführte Befehle verworfen werden, etwa weil ein Interrupt auftritt oder sich ein Sprungbefehl als falsch vorhergesagt herausstellt, so sind lediglich die entsprechenden Einträge im Reorder Buffer zu löschen und die zugehörigen belegten Umbenennungsregister freizugeben.

Daneben gibt es noch die Möglichkeit der expliziten Umbenennung von Registern [34]. Bei dieser Variante gibt eine Tabelle darüber Auskunft, wo der jeweils jüngste (spekulativste) Wert eines Registers zu finden ist. Da häufig auch aktuelle Werte in Befehlssatzregistern zu finden sind, bietet es sich an, hier einen gemeinsamen Pool für Schatten- und Befehlssatzregister vorzusehen. Das Umkopieren von Werten bei der Bestätigung von Befehlen entfällt dann. Es wird ersetzt durch das Umsetzen von Zeigern. Diese Situation ist in Abbildung 4.8 dargestellt. Die ganz rechte Tabelle gibt die Zuordnung

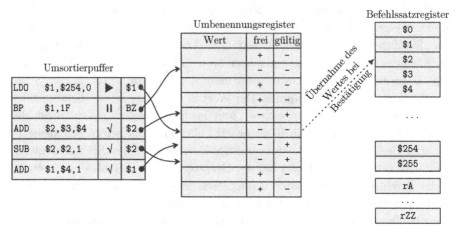

Abbildung 4.7. Implizite Umbenennung von Registern mit separaten Registersätzen (Pools) für Schattenregister und Befehlssatzregister. Für jedes Schattenregister werden zwei zusätzliche Bits gespeichert, die angeben, ob das Register gerade benutzt wird und ob der enthaltene Wert schon gültig ist. Diese sind in der Abbildung mit „+" für frei bzw. gültig und „–" für belegt bzw. ungültig gekennzeichnet

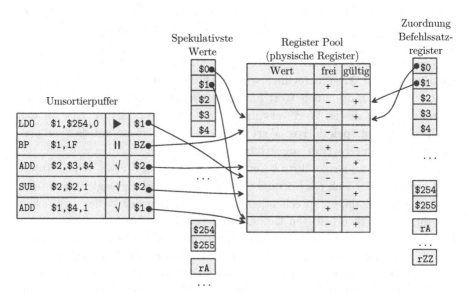

Abbildung 4.8. Explizite Umbenennung mit einem zentralen Pool von Registern. Die aktuelle Zuordnung gibt für die Register $1 und $2 andere physische Register an als die Befehlssatzregister, also die bereits bestätigten Registerinhalte

von Befehlssatzregistern zu den physisch vorhandenen Registern im Register Pool an. Eine weitere Tabelle zeigt, welcher Wert zu verwenden ist, wenn ein Befehl auf einen Operanden zugreifen will. Beispielsweise ist der Wert von Register $0 aktuell, da die Einträge beider Tabellen auf dasselbe physische Register zeigen. Für $1 verweist die Tabelle auf den Eintrag, der zum Befehl ADD $1,$4,1 gehört.

Der Hauptnachteil bei diesem Ansatz ist, dass die Historie der Zuordnung aller Befehle im Reorder Buffer aufbewahrt werden muss [34]. Bei dieser Variante muss der Reorder Buffer nicht durchsucht werden, wenn ein Befehl eingetragen wird, sondern wenn Befehle verworfen werden müssen. Die Zuordnungstabelle muss dann entsprechend auf den letzten gültigen Wert zurückgesetzt werden.

4.7 Behandlung von Speicherzugriffen

Wir betrachten die Situation, dass ein Befehl an eine Speicheradresse schreibt. Der Befehl sei zwar fertig gestellt, aber noch nicht bestätigt. Der Befehl befindet sich also noch im Reorder Buffer. Folgende Verschränkungen können auftreten, die uns an die Datenabhängigkeiten zwischen Befehlen aus Abschnitt 4.3 erinnern:

1. Ein nachfolgender Befehl kommt zur Ausführung, der an genau dieser Speicheradresse liest.
2. Ein nachfolgender Befehl kommt zur Ausführung, der an genau diese Speicheradresse schreibt.
3. Ein vorangehender Befehl kommt zur Ausführung, der an genau dieser Speicheradresse liest. Die Speicherstelle darf keinesfalls vorher überschrieben werden.

Bei den in Abschnitt 4.3 betrachteten Konflikten konnten wir die Abhängigkeiten allein durch Ansehen der Befehle und der beteiligten Register ermitteln. Weil die Adressen aber erst zur Laufzeit berechnet werden, können die Konflikte nicht durch einen festen Konfliktgraphen erfasst werden. Ein Ladebefehl kann erst dann ausgeführt werden, wenn die Adressen aller vorangegangenen Store-Befehle bekannt und von der Adresse des Ladebefehls verschieden sind. Im folgenden Programmfragment wird zunächst zeitraubend die Adresse für den schreibenden Speicherzugriff in Zeile 1 berechnet. Die Befehle in Zeilen 2 und 4 können parallel ausgeführt werden, sofern zwei Units für Speicherzugriffe vorhanden und frei sind. Der Befehl in Zeile 4 hat allerdings keine Möglichkeit, vorauszusehen, ob er nicht an dieselbe Stelle im Speicher zugreift, an die der STO in Zeile 2 schreibt.

```
1        DIV     Address,X,8
2        STO     $1,Address
3  ...
4        LDO     $3,Y
```

Beim Speicherzugriff muss also die effektive Adresse aller vorangehenden Speicherzugriffe bekannt sein. Sowohl die Adresse als auch der dorthin zu schreibende Inhalt müssen zunächst in Rename Register gelegt werden. Erst mit der Bestätigung des STO kann der zu speichernde Wert in den Speicher übertragen werden. Bis dahin muss die Möglichkeit gegeben sein, die Auswirkungen des Befehls rückgängig zu machen.

Bei der endgültigen Bestätigung eines Store-Befehls kann dann der Wert in den Speicher übertragen werden. Um den Ablauf zu beschleunigen, verfügen Prozessoren üblicherweise über einen *Schreibpuffer* (Write Buffer; gelegentlich auch als Store Buffer, Posted-Write Buffer oder Store Queue bezeichnet). Solange dieser Puffer über freie Einträge verfügt, werden zu schreibende Daten dort eingetragen. Wenn der Bus zum Speicher frei ist, kann dieser Puffer geleert werden. Load-Befehle müssen in diesem Puffer nachsehen, ob die zu ladenden Daten dort eingetragen sind. Store-Befehle können Einträge im Schreibpuffer überschreiben. Bei vielen aufeinanderfolgenden Schreibzugriffen auf dieselbe Adresse (z.B. mehreren byteweisen Zugriffen auf ein Octabyte) kann dies echte Zugriffe auf den Speicher einsparen. Es kann sich also lohnen, wenn der Inhalt des Schreibpuffers nicht zu schnell in den Speicher übertragen wird.

4.8 Interrupts bei superskalaren Pipelines

Bei der Behandlung von Interrupts muss dafür gesorgt werden, dass das Programm an einer klar definierten Stelle unterbrochen wird und dort anschließend fortgesetzt werden kann.

Arithemtische Ausnahmen treten während der Execute-Phase auf und werden von der entsprechenden Ausführungseinheit festgestellt. Da der Befehl, der die Ausnahme verursacht, spekulativ ausgeführt worden sein kann, darf die Ausnahmebehandlung (TRAP) nicht unmittelbar erfolgen. Es muss vielmehr bis zur Bestätigung des Befehls gewartet werden. Die Verzweigung in den TRAP-Handler darf also erst in der Commit-Phase erfolgen.

Der oberste (heißeste) Befehl im Reorder Buffer kann nicht unterbrochen werden, da er zum Zeitpunkt der Unterbrechungsanforderung möglicherweise schon einen Teil seiner Arbeit verrichtet hat.

Tabelle 4.2. Vergleich der Pipeline-Stufen zwischen superskalaren Prozessoren und solchen mit einfacher Pipeline (vgl. [19])

Stufe	Einfache Pipeline	Superskalare Pipeline
Fetch	Ein Befehl	Mehrere Befehle
Decode	Operanden aus Registern bereitstellen	Operanden aus Registern oder dem Reorder Buffer bereitstellen
	Operanden an eine Ausführungseinheit bringen	Operanden an mehrere Ausführungseinheiten liefern Rename Register Zuordnen
Execute/	Einen Befehl ausführen	Mehrere Befehle ausführen
Memory Access		
Write Back	Ergebnis in Register schreiben	Mehrere Ergebnisse in Rename Register eintragen
Commit	Nicht vorhanden	Bestätigte Ergebnisse in Register schreiben; ggf. Schreibzugriff auf Speicher einleiten

Auch aus der Sicht der Unterbrechbarkeit von Programmen ist es wichtig, dass schreibende Speicherzugriffe tatsächlich erst dann erfolgen, wenn der Befehl bestätigt wird.

4.9 Zusammenfassung

4.9

Tabelle 4.2 fasst die Unterschiede der Stufen einer superskalaren Befehlsausführung gegenüber einer einfachen Pipeline zusammen.

4.10 Superskalare Pipelines in der Praxis

4.10

Dieser Abschnitt beschreibt Beispiele, wie superskalare Pipelines in realen Prozessoren implementiert werden.

❥ 4.10.1 Pentium Pipelines für X86-Befehle

Da die Prozessoren, die X86-Befehle ausführen können, sehr verbreitet sind, werfen wir einen Blick auf deren Pipelines. Wir beginnen die Betrachtung mit folgendem X86-Befehl:

add [mem],[reg]

Wir sehen hier das typische Zwei-Adress-Befehlsformat. Dieser Befehl addiert den Inhalt einer mit [mem] bezeichneten Speicherstelle zum Wert aus Register [reg] und schreibt das Ergebnis an die Speicheradresse [mem] zurück. Dieser Befehl führt zwei Speicherzugriffe durch und zusätzlich eine arithmetische Operation. Wir sehen sofort, dass dieser Befehl auf einer klassischen Fünf-Stufen-Pipeline nicht ausgeführt werden kann. Siehe dazu Abbildung 3.1 auf. Auf Pipelines lassen sich nur Register-Register-Befehle sowie Load-Store-Befehle ausführen. Diese Befehle haben wir in Abschnitt 1.3.4 als RISC-Befehle[2] charakterisiert. Bei dem betrachteten Befehl add [mem],[reg] handelt es sich demgegenüber um einen CISC-Befehl.

Der X86-Befehlssatz ist ein typischer CISC-Befehlssatz. Er hat insbesondere eine variable Befehlswortlänge (1-15 Bytes) und komplexe Befehle, die mehr als nur einen Speicherzugriff ausführen. Weil die Befehle dadurch schlecht Pipeline-geeignet sind, werden die komplexen X86-Befehle von den Prozessoren zunächst auf RISC-Befehle abgebildet. Diese RISC-Befehle sind nur innerhalb des Prozessors sichtbar. Sie bleiben dem Programmierer verborgen und sind teilweise nicht einmal öffentlich dokumentiert. AMD spricht bei den resultierenden Befehlen von *RISC86-Befehlen*, kurz ROPs oder *Macro Operations*, Intel nennt sie *Micro Operations*, kurz μOPs [33, 34, 36]. Wir sprechen im folgenden von *Mikrobefehlen*. Ein X86-Befehl muss unter Umständen in mehr als einen RISC-Befehl umgesetzt werden. Durchschnittlich sollen zwei Mikrobefehle erforderlich sein [36]. Die Mikrobefehlsworte sind bei Intel 188 und bei AMD 38 Bit lang; sie sind nach dem Drei-Adress-Format aufgebaut. Den Befehl aus obigem Beispiel setzen wir beispielhaft in eine Folge von MMIX-Befehlen um und erhalten drei Befehle:

```
LDO    $X,mem
ADD    $X,$X,reg
STO    $X,mem
```

Unberücksichtigt bleiben dabei weitere Befehle, um gegebenenfalls die Adresse zu berechnen (etwa ein LDA-Befehl).

Die Dekodierung von CISC-Befehlen erfordert zusätzliche Arbeit. Die Prozessoren verfügen daher über eigene Pipeline-Stufen, um die Befehle variabler Länge zu trennen und auf die internen Mikrobefehle abzubilden. Die Mi-

---

[2]RISC bedeutet Reduced Instruction Set Computer; CISC bedeutet Complex Instruction Set Computer.

krobefehle können anschließend superskalar ausgeführt werden, so wie es in diesem Kapitel beschrieben wurde.

Zusätzlicher Aufwand ist aber bei der Bestätigung der Befehle erforderlich. Die Bestätigung (Commit) ist der letzte Schritt der Ausführung der Mikrobefehle. Aus Sicht des ausgeführten Programms muss die Bestätigung jedoch für einzelne CISC-Befehle erfolgen. Die Pipeline muss also zwei Stufen für den Commit enthalten. In der ersten Stufe werden die einzelnen Mikrobefehle bestätigt. Die zweiten Stufe muss dafür sorgen, dass alle zu einem CISC-Befehl gehörenden Mikrobefehle bestätigt sind, bevor dieser CISC-Befehl seinerseits bestätigt wird.

Dies hat auch Auswirkungen auf die Ausführung von Interrupts: Es müssen immer alle Mikrobefehle fertig ausgeführt werden, die zu einem x86-Befehl gehören, damit ein Interrupt präzise sein kann.

Abbildung 4.9 zeigt die Pipeline des Pentium Pro nach [33]. Die Arbeitsschritte, die wir in diesem Kapitel besprochen haben, sind hier sehr viel feiner untergliedert. Ein Grund dafür ist, dass sich dadurch eine höhere Taktfrequenz erzielen lässt. Die Pipeline-Stufen führen die in Tabelle 4.3 angegebenen Aufgaben aus.

4.10.2 Die Pipeline des PowerPC 970

Auch der PowerPC 970 von IBM weist eine sehr lange Pipeline auf, mit mindestens 16 Stufen bei einfachen Befehlen für ganze Zahlen. Die SIMD-Befehle durchlaufen einschließlich Execution auf speziellen Ausführungseinheiten sogar 24 Stufen. Neun Stufen sind zuständig für das Holen (Fetch) und Dekodieren der Befehle. Für die Ausführung werden mindestens fünf Stufen (also auch fünf Taktschritte) benötigt.

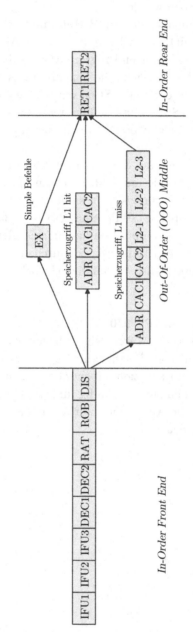

Abbildung 4.9. Die Pipeline des Pentium Pro nach [33]

Tabelle 4.3. Beschreibung der Stufen der Pipeline des Pentium Pro, wie sie in Abbildung 4.9 dargestellt ist

Stufe	Beschreibung
IFU1	**Instruction Fetch Unit Stage 1.** Lädt 32 Byte vom Code Cache in einen Fetch Buffer (Prefetch Streaming Buffer).
IFU2	In dieser Stufe werden jeweils 16 Bytes betrachtet und Grenzen zwischen den Befehlen detektiert. Parallel dazu wird für Sprungbefehle die Sprungvorhersage ausgewertet.
IFU3	Befehle korrekt ausgerichtet an die Dekoder weiterleiten.
DEC1	**Decode Stage 1.** Bis zu drei Befehle (zwei einfache, d.h. 1-1 sowie einen komplexen) gleichzeitig in RISC-artige Mikrobefehle umsetzen (dekodieren).
DEC2	Die Mikrobefehle werden in einen Puffer eingetragen, die *Decoded Instruction Queue*.
RAT	**Register Alias Table and Allocator Stage.** Feststellen, ob Operanden aus Registern oder von laufenden Operationen kommen. Zuweisen von Rename Registern.
ROB	**ReOrder Buffer.** Einfügen in den Reorder Buffer in strikter Programmreihenfolge.
DIS	**Dispatch stage.** Zuteilung zu einer geeigneten Ausführungseinheit.
EX	**Execution stage.** Ausführen der Mikrobefehle.
RET1	**Retirement Stage 1.** Falls der Befehl abgearbeitet ist, alle vorangegangenen Sprungbefehle fertig sind und fest steht, dass der Mikrobefehl ausgeführt werden muss, so wird er mit „Ready for retirement" gekennzeichnet.
RET2	Endgültiges Retirement (Commit), wenn alle Mikrobefehle der X86-Instruktion fertig sind.

Kapitel 5

Experimente mit dem
`MMIX`**-Meta-Simulator**

5

5

Experimente mit dem MMIX-Meta-Simulator

5 Experimente mit dem MMIX-Meta-Simulator

Nachdem die Prinzipien von superskalaren Prozessoren und Out-Of-Order-Befehlsausführung bekannt sind, können wir uns nun ersten Experimenten mit dem Meta-Simulator für MMIX, genannt mmmix, zuwenden. Weil dieser Simulator viele Konfigurationsmöglichkeiten bietet, spricht man von einem Meta-Simulator. Die Silbe meta kommt aus dem Griechischen und bedeutet unter anderem „über". Der Simulator ist also übergeordnet über eine unzählige Menge möglicher Konfigurationen. Dennoch beschreibt jede Konfiguration eine Instanz von MMIX. Das heißt, dass jedes MMIX-Programm für jede denkbare Konfiguration auf dem Simulator ausgeführt werden kann.

Wir werden uns zunächst nur mit einem Teil der Konfigurationsmöglichkeiten beschäftigen und in folgenden Kapiteln weitere hinzunehmen. Für alle Parameter, die nicht konfiguriert werden, setzt der Simulator Standardwerte ein. Für alle Parameter werden typische Werte von real existierenden Prozessoren angegeben. Leider lassen sich oftmals nicht alle Werte genau ermitteln, da sie teilweise der Geheimhaltung durch die Hersteller unterliegen.

Eine wichtige superskalare Prozessorenfamilie ist die PowerPC-Reihe von IBM. Den 2002 vorgestellten PowerPC 970, der in den Apple Computern Power Mac G5 eingebaut wird, werden wir im folgenden vorzugsweise heranziehen. Diese Prozessoren haben zwar einen anderen Befehlssatz als MMIX und sie verfügen auch über eine längere Pipeline als sie sich mit dem Meta-Simulator simulieren lässt. Dennoch lässt sich ein gutes Gefühl für deren Arbeitsweise und Leistungsfähigkeit entwickeln.

Die Prozessoren, die Intel-x86-Befehle verarbeiten können, arbeiten heutzutage auch superskalar. Daher werden wir uns auch mit diesen beschäftigen. Die beiden Hersteller Intel und AMD bieten Prozessoren mit x86-Befehlssatz an.

Der AMD K6-III-Prozessor ist zwar schon einige Jahre alt, aber sehr gut dokumentiert [34]. Daher werden wir ihn auch als Beispiel verwenden.

5.1 Konfiguration des Simulators

5.1.1 Der Fetch Buffer

Für den Fetch Buffer lassen sich zwei Parameter konfigurieren:
- Die maximale Anzahl an Befehlen, die in den Puffer eingetragen werden kann: fetchbuffer.

— Die maximale Anzahl an Befehlen, die in einem Taktzyklus geladen werden kann: fetchmax.

Die maximal in einem Schritt ladbare Befehlsanzahl ist in der Praxis durch die Schnittstelle zum Speicher beschränkt. Für den PowerPC 970 gilt hier der Wert acht, was 32 Byte entspricht.

Für CISC-Prozessoren mit variabler Befehlswortbreite lässt sich gar keine exakte Angabe über die Anzahl an ladbaren Befehlen pro Takt machen. Der Pentium 4 verfügt über einen eigenen Cache-Speicher für Mikrobefehle, den *Trace Cache* [36]. Dieser Trace Cache kann aber nicht als eine Art von Fetch Buffer angesehen werden. Befehle aus dem Trace Cache zu holen, spart lediglich die Schrittte, die zur Abbildung der Befehle auf Mikrobefehle nötig sind. Weiterhin speichert der Trace Cache für einen komplexen Befehl nicht alle seine Mikrobefehle ab, sondern nur den ersten davon. Den Rest erzeugt ein so genannter *Microcode Sequencer* [36].

5.1.2 Ausführungseinheiten

Prozessoren verfügen üblicherweise über mehrere Ausführungseinheiten, die auf einzelne Operationen oder eine Gruppe von Operationen spezialisiert sind. Gruppen von Operationen können etwa die ganzzahligen oder die Gleitkommaoperationen bilden. Die Ausführungseinheiten können für die Ausführung einer Operation einen oder mehrere Taktzyklen benötigen [7]. In einem Takt fertig gestellt werden können viele einfache Operationen für ganze Zahlen, wie Addition oder bitweise logische Operationen. Mehrere Takte sind z.B. für Multiplikation, Division und Gleitkommabefehle erforderlich. Realistische Werte sind für Multiplikation 3-40 Takte und für die Division 18 bis über 100 (vgl. [15]). Dies gilt auch für RISC-Prozessoren, z.B. PowerPC.

Typische Befehle bzw. Gruppen von Befehlen, die in der Praxis auf einer Einheit ausgeführt werden können, sind etwa:

— Ganzzahlige arithmetische und bitweise logische Befehle. Die entsprechenden Einheiten heißen oft ALU oder *Integer Unit*.

— Alle Prozessoren verfügen über Schiebebefehle, bei MMIX etwa die Befehle SL und SR. Ausführungseinheiten für ganzzahlige Operationen ermöglichen oft nur das Schieben um eine Stelle. Das Schieben eines Registerinhalts um eine beliebige Anzahl von Stellen ist aufwändig und wird oft in einer separaten Einheit realisiert, den so genannten *Shiftern*. Diese sind entweder sehr komplex und erledigen das in einem Taktzyklus. Oder sie sind recht einfach, benötigen aber mehrere Taktschritte mit Pipelining oder ohne [4].

— Für Sprungbefehle werden oft eigene Einheiten gebaut. Hier sind Bedingungen auszuwerten und arithmetische Operationen mit dem Befehlszähler auszuführen.

— In superskalaren Prozessoren werden für Speicherzugriffe stets eigene Einheiten vorgesehen. Teilweise wird getrennt für lesenden und schreibenden Speicherzugriff oder sogar nach ganzzahligen und Gleitkommawerten differenziert.

— Auch für Gleitkommabefehle werden in der Regel spezielle Einheiten vorgesehen. Hier findet gelegentlich sogar eine weitere Spezialisierung statt, etwa die Realisierung bestimmter Einheiten nur für Quadratwurzelberechnung.

— Weitere Einheiten finden sich oft für Spezialbefehle, etwa die Vektorbefehle (siehe Abschnitt 1.3.7).

Tabelle 5.1 gibt eine Übersicht über die Ausführungseinheiten einiger Beispielprozessoren.

Beim Pipeline-Simulator können Ausführungseinheiten spezifiziert werden, die beliebige Befehle zusammenfassen. In der Konfigurationsdatei wird jede Einheit durch das Schlüsselwort unit eingeleitet, gefolgt von einem Namen für die Einheit und einer exakt 64-stelligen Hexadezimalzahl. Diese Zahl besteht aus 256 Bits, von denen jedes einem der MMIX-Opcodes zugeordnet ist. Ob ein Bit null oder eins ist, entscheidet darüber, ob der entsprechende Befehl auf dieser Einheit ausgeführt werden kann oder nicht. Das erste Bit steht für den Befehl TRIP und das letzte für TRAP. Zur Zuordnung muss man eine Tabelle mit allen MMIX-Opcodes konsultieren, z.B. in [1].

Beispielsweise werden eine Einheit für ganzzahlige Befehle ohne Sprungbefehle (IU) und eine nur für die Sprungbefehle (BU) wie folgt beschrieben:

```
unit IU   000000ffffffffff0000000000000000000000000000000000ffff00ffffff033c
unit BRU  0000000000000000ffffffff00000000000000030000000300000000000000fcc0
```

Sind mehrere Taktzyklen zur Ausführung einer Operation erforderlich, so kann die Ausführungseinheit in vielen Fällen als eigene mehrstufige Pipeline realisiert werden. Ein einfaches Beispiel dafür bildet die Ausführung von Befehlen für Speicherzugriffe. Vor dem Lesen oder Schreiben muss die Speicheradresse berechnet werden. Der eigentliche Zugriff kann erst danach erfolgen. Abbildung 5.1 auf Seite 89 zeigt eine entsprechende zwei-stufige Pipeline. Sobald eine Adressberechnung auf der ersten Stufe fertig ist, kann der Befehl auf die zweite Stufe weiter gereicht werden. Dort verweilt der Befehl, bis der Speicherzugriff erfolgt ist. Mit dem Wechsel in die zweite Stufe kann ein weiterer Befehl in die erste Stufe nachfolgen. Die Adressberechnung benötigt in der

Tabelle 5.1. Beispiele von Prozerssoren und ihren Ausführungseinheiten

Prozessor	Einheit	Anzahl	Beschreibung
	LSU	2	Für alle Speicherzugriffe (Load-And-Store-Unit)
	IU	2	Ganzzahlige Rechenwerke (Integer Unit)
PowerPC 970	FPU	2	Gleitkommarechenwerke
	SIMD	2	SIMD-Befehle
	BRU	1	Sprungbefehle (Branch Unit)
	CRU	1	Bedingte Befehe
	RU	2	Register Unit (ganzzahlig)
	LU	1	Ladebefehle (Load Unit)
AMD K6 III	SU	1	Schreibender Speicherzugriff
	FPU	1	Gleitkommarechenwerk
	BRU	1	Sprungbefehle
	ALU	4	Ganzzahlige Rechenwerke
	sALU	1	Slow ALU (lang laufende Ganzzahl-operationen)
Pentium 4	AGU	4	Address Generation Unit (Speicherzugriff: 2×load, 2×store)
	FPU	1	Speicherzugriff für Gleitkommawerte
	FPU	1	Gleitkommarechenwerk

Regel einen Taktzyklus. Die Dauer des eigentlichen Speicherzugriffs lässt sich nicht genau vorhersagen, siehe dazu Kapitel 7. Beim Pipeline-Simulator für MMIX werden Befehle für den Speicherzugriff immer auf einer solchen zwei-stufigen Pipeline ausgeführt. Für den FREM-Befehl wird auch ausnahmslos immer eine zwei-stufige Pipeline vorgesehen.

Für verschiedene andere Befehle lassen sich Pipelinestufen beliebig spezifizie-ren durch Angabe der Anzahl an Taktzyklen, die bestimmte Befehle in den einzelnen Stufen verbringen sollen. Durch folgende Zeile wird zum Beispiel beschrieben, dass Schiebeoperationen in acht Pipelinestufen je einen Takt verbringen sollen:

```
sh 1 1 1 1 1 1 1 1
```
Mit
```
fmul 3 1
```
wird eine Pipeline mit zwei Stufen beschrieben, bei der ein Befehl nach drei Takten in die zweite Stufe weiter gereicht wird.

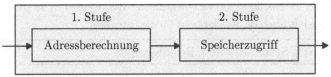

Ausführungseinheit für Speicherzugriffe

Abbildung 5.1. Zwei-stufige Pipeline für Speicherzugriffe. In der ersten Stufe wird die Adresse berechnet. In der zweiten Stufe findet der Zugriff auf den Speicher statt

Die Schlüsselwörter für die Befehlsgruppen, für die sich Pipeline-Tiefen konfigurieren lassen, sind in Tabelle 5.2 zusammengefasst. Es werden zwei Kenngrößen für Pipelines angegeben, um ihr Verhalten zu charakterisieren: Unter *Latenzzeit* versteht man die minimale Durchlaufzeit eines einzelnen Befehls durch eine Pipeline. Demgegenüber beschreibt der *Durchsatz* die Anzahl Befehle, die pro Takt maximal fertig werden können. Der Kehrwert des Durchsatzes wird oft als *Durchsatzzeit* bezeichnet. Wird die Ausführungseinheit für die Division etwa durch `div 20 20 20` beschrieben, so hat sie eine Latenzzeit von 60 und eine Durchsatzzeit von 20. Das bedeutet, der Abstand zwischen zwei Befehlen, die diese Pipeline verlassen, beträgt minimal 20 Taktzyklen. Die Pipeline `div 10 10 10 10 10 10` weist demgegenüber zwar die selbe Latenzzeit auf, hat aber einen höheren Durchsatz bzw. eine niedrigere Durchsatzzeit von zehn.

Übung 5.1.1 Bestimmen Sie Durchsatzzeit und Latenz für folgende Konfigurationen:

1. `sadd 10`
2. `sh 1 1 1`
3. `sh 1 2 3`
4. `div 1 6 3 2 3`

5.1.1

Übung 5.1.2 Informieren Sie sich im Internet, über welche Ausführungseinheiten der Athlon-64-Prozessor *San Diego* verfügt. Erstellen Sie daraus eine Konfigurationsdatei für den Pipeline-Simulator.

5.1.2

5.1.3 Der Umsortierpuffer

Beim Umsortierpuffer (Reorder Buffer) spielen drei Parameter eine Rolle:

1. Die Anzahl der Einträge, die in dem Puffer Platz haben: `reorderbuffer`. Die Größe dieses Puffers bezeichnet man oft als *Fenster* (englisch: *Instruction Window*). Denn dieser Parameter beschreibt, wie viele Befehle maximal spekulativ ausgeführt werden können.

Tabelle 5.2. Spezielle Gruppen von Befehlen, die in einer Pipeline verarbeitet werden können. Wird für die jeweilige Pipeline kein expliziter Wert angegeben, so gilt der in der mittleren Spalte beschriebene Standardwert für die Latenzzeit

Schlüsselwort	Standardwert	Befehlsgruppe
mul0...mul8	10	mul$j$ beschreibt Multiplikationen, deren zweiter Operand kleiner als 2^{8j} ist (j so klein wie möglich).
div	60	ganzzahlige Division mit und ohne Vorzeichen
sh	1	alle Schiebeoperationen (SL, SR, SLU und SRU)
mux	1	die Multiplex-Operation
sadd	1	Sideways Addition (SADD)
mor	1	Multiplikation Boolescher Matrizen
fadd	4	Gleitkommaaddition
fmul	4	Gleitkommamultiplikation
fdiv	40	Gleitkommadivision
fsqrt	40	Quadratwurzel
fint	4	Runden
fix	2	Wandlung einer Gleitkommazahl in eine ganze Zahl (mit oder ohne Vorzeichen)
flot	2	Wandlung einer ganzen Zahl in eine Gleitkommazahl (mit oder ohne Vorzeichen)
feps	4	Vergleich von Gleitkommazahlen

2. Der Parameter `dispatchmax` gibt an, wie viele Befehle gleichzeitig dem Fetch Buffer entnommen und auf Ausführungseinheiten verteilt werden können. Beim Pentium 4 können aus dem oben erwähnten Trace Cache bis zu sechs Befehle pro Takt zugeteilt werden. Der PowerPC 970 schafft bis zu acht.

3. Der Parameter `commitmax` gibt an, wie viele Befehle gleichzeitig in einem Taktzyklus bestätigt werden können.

Praktische Werte für diese Parameter gibt Tabelle 5.3 an, soweit diese Informationen verfügbar sind.

In einigen Prozessoren wird die Logik zum Überwachen der Operanden und Verwalten der Ergebnisse vom Umsortierpuffer näher an die Ausführungseinheiten verlagert. So genannte *Reservation Stations* können diese Aufgabe übernehmen [17, 19]. Es muss dann dabei nicht für jede Ausführungseinheit

Tabelle 5.3. Werte der Beispielprozessoren für die Parameter rund um den Umsortierpuffer

	Größe Umsortierpuffer	max. Zuteilung je Takt	max. Bestätigung je Takt
PowerPC 970	>200	8	unbekannt
AMD K6 III 4			
Pentium 4	126	6	unbekannt

eine eigene Reservation Station geben. Die Gefahr für strukturelle Hemmnisse wird dadurch allerdings größer. Der Umsortierpuffer dient dann nur noch zum Überwachen der Ausführungsreihenfolge. Abbildung 5.2 zeigt eine solche Anordnung.

Die Informationen können etwa folgendermaßen verteilt werden (entspricht t_4 im Beispiel von Seite 66):

Reservation Stations						
Unit	Status	Op	Q_Y	Q_Z	Ziel	V_Y	V_Z
INT1	leer	—	—	—	—	—	—
FPU	▶	FADD	$4	$2	$4	—	—
MUL	▶	FMUL	$3	$3	$10	—	—

Umsortierpuffer			
Op	Ziel	Wert	Status
FMUL	$4	$4	✔
FADD	$4	—	▶
SET	$3	$10	✔
FMUL	$10	—	▶

Diese Struktur hat folgenden Vorteil [19]: Es werden die Befehle in-order gleichzeitig in den Umsortierpuffer eingetragen und an eine Reservation Station gegeben. Ein Befehl wartet dann an der Reservation Station, bis seine Ausführungseinheit frei ist. Dadurch können Befehle auch dann andere vor deren Ausführung überholen, wenn Vorgänger noch nicht einer Ausführungseinheit zugeteilt sind (aber schon im Umsortierpuffer eingetragen sind und an der Reservation Station auf die Zuteilung warten). Da allerdings Befehle innerhalb einer Reservation Station in-order zugeteilt werden müssen, relativiert sich der Vorteil, dass nicht zugeteilte Befehle überholt werden können. Reservation Stations sind beim Simulator für MMIX leider nicht vorgesehen, sodass sich das Gesagte damit nicht nachvollziehen lässt.

Reservation Stations finden sich beispielsweise bei den Pentium-Prozessoren, nicht jedoch bei AMD [34].

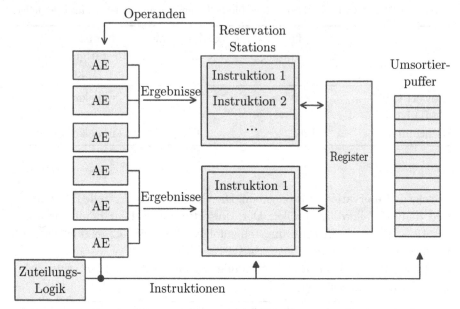

Abbildung 5.2. Den Ausführungseinheiten vorgelagerte Reservation Stations. An den Reservation Stations werden der Opcode des aktuellen Befehls sowie dessen Operanden vorgehalten. Der Fetch Buffer wurde in dieser Abbildung weggelassen

---

5.1.3   **Übung 5.1.3** Finden Sie mit dem MMIX-Simulator Situationen, in denen Reservation Stations Vorteile bringen würden.

❯ 5.1.4 Der Schreibpuffer

Zwei Parameter beeinflussen das Verhalten des Schreibpuffers:

- Die Größe des Schreibpuffers wird durch den Parameter `writebuffer` angegeben. Dieser muss mindestens einen Eintrag aufnehmen können; der Simulator lässt sich also nicht ohne diesen Puffer betreiben.
- Die `writeholdingtime` bestimmt, wie lange ein Element höchstens im Schreibpuffer verbleiben kann, bevor versucht wird, es in den Speicher zu transferieren. Wenn der Bus zum Speicher belegt ist, kann ein Element auch länger als diese Zeitspanne im Puffer verbleiben.

❯ 5.1.5 Register

Für die Simulation kann einfach die Anzahl der verfügbaren Rename Register angegeben werden. Der Parameter heißt `renameregs`. Der Simulator arbeitet so, als hätte er einen eigenen Registersatz für diese Register und würde sie implizit umbenennen, wie in Abschnitt 4.6 beschrieben.

Der Parameter `localregs` gibt die Anzahl der lokalen Register im Regis-
terring an. `MMIX` implementiert einen Registerstack: Bei Unterprogrammaufrufen kann automatisch eine bestimmte Anzahl an Registern frei gemacht
werden [1]. Bei Unterprogrammaufrufen werden zunächst die physisch vorhandenen Register umnummeriert. Erst wenn die vorhandenen Register nicht
mehr ausreichen, werden Registerinhalte in das Stack-Segment des Hauptspeichers ausgelagert. Es können mehr Register als die 256 lokalen Register
vorhanden sein. Der Wert von `localregs` gibt die tatsächlich vorhandene
Zahl physischer Register an. Diese Zahl kann 256, 512 oder 1024 sein.

5.2 Interna des Pipeline-Simulators

Einige Details des Simulators haben wir bislang außer Acht gelassen:
— Manche Befehle erzeugen mehrere Ergebnisse, z.B. die Division, die den
   ganzzahligen Quotienten sowie den Divisionsrest (Modulus) erzeugt. Dafür
   sind dann auch zwei Rename Register erforderlich. Ferner müssen auch die
   Befehle hinsichtlich mehrerer Ergebnisse beobachtet werden können, was
   in den oben stehenden Tabellen weggelassen wurde, um die Darstellung
   nicht zu überfrachten.
— Andere Befehle ändern als Seiteneffekt weitere Register. Dazu gehört z.B.
   das Erhöhen des Spezialregisters `rL`. Zur Erinnerung: Das Spezialregister `rL` gibt an, welches das derzeit höchste verwendete lokale Register
   ist. Wird auf ein neues Register zugegriffen, so ist der Wert von `rL` zu
   erhöhen. Zur Berechnung solcher Seiteneffekte ist eine zweite Operation
   des Rechenwerks erforderlich. Dazu fügt der Simulator eine eigene Instruktion ein, die auf einer Ausführungseinheit für ganzzahlige Instruktionen
   laufen muss.
— Der Zugriff auf das Spezialregister `rA` mit dem Befehl `GET` kann erst in
   dem Moment erfolgen, in dem der `GET`-Befehl bestätigt wird.
— Die Betriebssystemaufrufe sind im Pipeline-Simulator ebenfalls implementiert. Sie erledigen ihre Arbeit allerdings mit einer gewissen Magie. Es wird
   so getan, als sei ein Betriebssystem vorhanden, was ja nicht der Fall ist.
   Beispielsweise beim Befehl `TRAP 0,Fputs,StdOut` liest der Simulator die
   auszugebende Zeichenkette einfach aus dem simulierten Speicher. Die Simulation dieser Befehle erlaubt also gar keine Aussage über das dabei in
   der Realität zu erwartende Verhalten des Prozessors.

Die Farbkodierung ist wie folgt:

Fertig ausgeführte Instruktionen

Laufende Instruktionen

Blockierte Instruktionen

Zu verwerfende Instruktionen durch falsche Sprungvorhersage

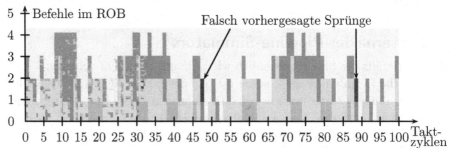

Abbildung 5.3. Aktivitätsdiagramm zu `mandelbrot.mms` für 100 Taktzyklen. Der Taktzyklus 32 entspricht Zeitpunkt t_2 im Beispiel ab Seite 66. Zu den Zeitpunkten 48, 52, 89 sowie 93 ist der Umsortierpuffer leer, weil die Fecth-Stufe nicht schnell genug Nachschub an Befehlen liefern kann

5.3 Fallstudien

Der Pipeline-Simulator kann entweder im Textmodus betrieben werden, oder zusammen mit einer Oberfläche zur Visualisierung [1, 6, 8, 21]. Wir empfehlen den Einsatz zusammen mit der Entwicklungsumgebung *Eclipse*. Eine detaillierte Beschreibung findet sich im Anhang A.4.

Zur Veranschaulichung komplexer Sachverhalte verwenden wir im folgenden die *Aktivitätsdiagramme*, die sich mit diesem Werkzeug erzeugen lassen. Ein solches Diagramm ist in Abbildung 5.3 gezeigt. Ein Aktivitätsdiagramm zeigt auf der x-Achse die Zeit in Taktzyklen und auf der y-Achse die Belegung des Reorder Buffer mit blockierten, laufenden und fertig gestellten Instruktionen. Der Verlauf des ab Seite 66 besprochenen Beispiels lässt sich in Abbildung 5.3 ab dem Zeitpunkt t_2 nachvollziehen. Die Vorgeschichte stimmt nicht ganz überein, weil wir in dem Beispiel mit einem leeren Reorder Buffer starten wollten, aber in der Realität ist der Puffer in diesem Beispiel nur selten ganz leer.

Kapitel 6

Sprungvorhersage

6

6   **Sprungvorhersage**

6

6 Sprungvorhersage

Die fließbandartige, superskalare und spekulative Bearbeitung der Maschinenbefehle schließt Verzweigungen (bedingte Sprünge, Branches) ein. Bei einer Verzweigung ist jedoch nicht von vorne herein klar, welches der nachfolgende Befehl sein wird:

— Wird die Verzweigung nicht ausgeführt (*Branch Not Taken*), so ist es der unmittelbar nachfolgend im Speicher stehende Befehl.

— Wird die Verzweigung hingegen ausgeführt (*Branch Taken*), so ist der nächste Befehl von der angegebenen Zieladresse zu laden.

In der Praxis werden Pipelines aber nur mit Befehlen aus einer der beiden möglichen Richtungen gefüllt. Ein ausführliches Beispiel haben wir bereits in Abschnitt 4.5 behandelt.

Schon im einfachen Fall der fünf-stufigen Phasenpipeline von MMIX kostet jede falsch gewählte Richtung einer Verzweigung zwei zusätzliche Taktzyklen, die so genannte *Sprungverzögerung* (*Misprediction Penalty* – Strafe für falsche Vorhersage). Das ist die Zeit, die erforderlich ist für das Leeren und Neubefüllen der Pipeline, d.h. für das Laden und Dekodieren des tatsächlich ausgeführten Folgebefehls. In modernen Prozessoren mit vielstufigen Pipelines dauert dieser Vorgang oftmals zehn und mehr Taktzyklen und bedingt eine entsprechend hohe Misprediction Penalty [3]. Wie wir sehen werden, kann dies zu deutlichen Leistungseinbußen führen, weil Sprungbefehle häufig sind.

Dieses Kapitel beschäftigt sich mit Möglichkeiten, das Sprungziel möglichst gut vorherzusagen. Man spricht von *Sprungvorhersage* (englisch: *Branch Prediction*). Die Sprungvorhersage arbeitet in einer sehr frühen Pipeline-Stufe, damit das Prefetching gegebenenfalls möglichst bald in der vorhergesagten Richtung weiter arbeiten kann.

Als Maß für die Qualität von Vorhersageverfahren wird die *Trefferrate* (*Prediction Rate*) angegeben, also der Anteil von richtig vorhergesagten Verzweigungen bezogen auf die Gesamtzahl ausgeführter Verzweigungsbefehle. Da dieser Wert in der Regel vom jeweils ausgeführten Programm abhängt, muss entweder das Benchmark-Programm mit angegeben werden, oder es muss die Situation beschrieben werden, in der ein Verfahren die angegebene Trefferrate erzielt.

6.1 Statische Vorhersage

Bei den ersten pipeline-basierten Mikroprozessoren war eine Vorzugsrichtung für Sprungbefehle fest vorgegeben. Man spricht dann noch nicht von Sprungvorhersage, sondern von Prefetching. Zum Beispiel beherrschte bereits der 8086-Prozessor von Intel diese Technik: Die Bus Interface Unit (BIU) konnte parallel zur Ausführungseinheit arbeiten und die nächsten Instruktions-Bytes vorausschauend in einen schnellen Zwischenspeicher, die *Prefetch Queue*, laden. Bei Verzweigungen war diese Arbeit zwar umsonst und die BIU musste den laufenden Prefetch-Zugriff zunächst beenden, die spekulativ geladenen Bytes verwerfen und dann erst konnte sie von der neuen Adresse die Instruktionen nachladen. Das dauerte etwas länger als Prefetch-freie Techniken, aber im Mittel brachte diese Methode doch eine deutliche Leistungssteigerung [37]. Viel Aufwand wurde seither investiert, um Verfahren zu entwickeln, mit denen sich Sprungziele mit hohen Trefferraten vorhersagen lassen.

Ein Ansatz überlässt die Vorhersage dem Programmierer bzw. einem Compiler, indem bei jeder Verzweigung angegeben werden kann, ob sie wahrscheinlich ausgeführt oder wahrscheinlich nicht ausgeführt werden wird. Man spricht von *statischer Vorhersage*. Meist gibt ein Bit im Opcode an, ob die Verzweigung wahrscheinlich ausgeführt werden wird, das so genannte *Take/-don't take Bit* (kurz *TDTB*) [11] oder auch *Static-Prediction Opcode Bit*.

Der MMIX verfügt über diese Möglichkeit der Vorhersage. Jeder Verzweigungsbefehl existiert in zwei Varianten: Als *Probable Branch*, der wahrscheinlich ausgeführt werden wird (PBZ, PBEV etc.) und als gewöhnlicher Branch, der wahrscheinlich nicht ausgeführt werden wird (BZ, BEV etc.). Die Opcodes für die beiden Befehle unterscheiden sich jeweils am Bit 4 (Wertigkeit 2^4). So ist beispielsweise der Opcode von BZ („Branch if Zero") der Wert #42 und der Opcode von PBZ („Probable Branch if Zero") ist der Wert #52.

Diese Art der Vorhersage bewährt sich insbesondere bei so genannten Zählschleifen, also Schleifen, die vor dem Schleifenabbruch öfter hintereinander durchlaufen werden. Als Beispiel betrachten wir das Sortieren durch Einfügen (Insertion Sort), das im Anhang A.2 beschrieben ist. Dieses Sortierverfahren wird oft zum Sortieren kleiner Felder verwendet, z.B. bei Quicksort am Ende der Rekursion.

Der Befehl in Zeile 32 beendet das Sortierverfahren. Er wird je Unterprogrammlauf für jeden Wert ein Mal ausgeführt und resultiert davon genau ein Mal (zum Schluss) in einem nicht ausgeführten Branch. Bei N zu sortierenden Werten ist die Wahrscheinlichkeit für *Taken* also $1 - 1/N$.

Die Verzweigung in Zeile 23 wird nur dann ausgeführt, wenn der Index bis zum Feldanfang läuft. Nach Knuth [20] Abschnitt 5.2.1 tritt das bei N zu sortierenden Elementen im Mittel $(\sum_{k=1}^{N} \frac{1}{k}) - 1$ Mal auf. Für $N = 5$ somit etwa 1,3 Mal, also mit einer Wahrscheinlichkeit von deutlich unter 50%.

Der Sprung in Zeile 27 wird ausgeführt, wenn das aktuell einzusortierende Element seinen Platz noch nicht gefunden hat. Der Sprungbefehl wird nach Knuth im Mittel $2 \cdot (N^2 - N)/4$ Mal ausgeführt. Pro Element sind im Mittel $(N-1)/2$ Vergleiche erforderlich. Also ergeben sich die statischen Vorhersagen sinnvoll so, wie im Programm angegeben.

Messungen mit unserem Quicksort zum Sortieren von 10.000 zufälligen Werten ergaben, dass dieses Unterprogramm 1551 Mal aufgerufen wird, um im Mittel $\overline{N} = 5,44$ Werte zu sortieren. Es ergaben sich für die Sprungvorhersagen im Beispiel die folgenden Trefferraten, sofern die statische Vorhersage korrekt angegeben ist:

Zeile/Befehl	Taken	Not Taken	Trefferrate
23/BNP	2059	16345	88,8%
27/PBP	11505	4840	70,4%
32/PBN	6899	1551	81,6%

Außer bei MMIX findet sich die statische Vorhersage mit TDTB noch beim Motorola PowerPC 601 sowie bei der Alpha-Architektur. Das Setzen des Bits übernehmen üblicherweise optimierende Compiler. Zum Optimieren von Hand sind Laufschleifen am augenfälligsten, wie diejenige, die durch den PBN-Befehl in Zeile 32 gesteuert wird. Alle anderen bedingten Verzweigungen erfordern genaueres Hinsehen, wie etwa die Überlegungen im vorangegangenen Absatz.

Manche Prozessoren, die nicht über diese Möglichkeit der statischen Vorhersage verfügen, benutzen fest eingebaute Strategien, um Sprungziele vorherzusagen. Aus Beobachtungen wurde beispielsweise abgeleitet, dass Verzweigungen nach rückwärts (d.h. zu niedrigeren Adressen) häufiger ausgeführt werden als solche nach vorne (zu höheren Adressen) [4]. Diese einfachen Vorhersageverfahren wurden mittlerweile durch kompliziertere dynamische Verfahren ersetzt, die wir weiter unten besprechen.

Übung 6.1.1 Gegeben sei folgendes MMIX-Programm: 6.1.1

```
1            LOC    #100
2 Main       SET    $4,30
3 loop1      SET    $3,3
4            SET    $2,2
5 loop2      BZ     $2,1F
6            SUB    $2,$2,1
7 1H         SUB    $3,$3,1
8            BP     $3,loop2
```

```
9           SUB     $4,$4,1
10          BP      $4,loop1
11          TRAP    0,Halt,0
```

Geben Sie an, welche der bedingten Sprungbefehle Probable Branches bzw. gewöhnliche Branches sein müssen, damit die statische Sprungvorhersage optimal arbeitet. Geben Sie ferner an, wie oft jeder Sprungbefehl ausgeführt wird und wie oft dabei ein Taken auftritt.

6.2 Auswirkungen der Sprungvorhersage

Bei der klassischen Fünf-Stufen-Pipeline beträgt die Verzögerung durch falsch vorhergeşagte Verzweigungen zwei Taktzyklen, wie im Abschnitt 3.2.3 über ablaufbedingte Hemmnisse besprochen wurde. Dieser Abschnitt zeigt, wie groß diese Sprungverzögerung p bei superskalaren Prozessoren sein kann, und welchen Einfluss das auf die Leistungsfähigkeit hat.

Um die Leistungseinbußen durch falsch vorhergesagte Sprünge zu bestimmen, müssen folgende Größen bekannt sein:

— Die Rate b, mit der Sprungbefehle bei der Programmausführung auftreten. Diese hängt natürlich vom ausgeführten Programm ab. Statistischen Untersuchungen zufolge ist ein Wert von $b = 20\%$ realistisch.

— Die Wahrscheinlichkeit m dafür, dass die Richtung eines Sprungbefehls falsch vorausgesagt wird, die so genannte *Misprediction Rate*. Der Wert $1 - m$ ist die bereits erwähnte Trefferrate.

— Die Sprungverzögerung (Misprediction Penalty) p. Wir nehmen an, dass dieser Wert konstant ist.

Wir betrachten einen Prozessor mit Pipeline, aber ohne superskalare Befehlsausführung. Die Laufzeit T (gemessen in Taktzyklen) eines Programms mit n ausgeführten Befehlen ergibt sich zu

$$T = n \cdot (1 + b \cdot m \cdot p), \tag{1}$$

sofern man vernachlässigt, dass die Pipeline beim Starten des Programms erst einschwingen muss (d.h. mit Befehlen gefüllt wird). Bei einem Anwachsen von m steigt die Laufzeit und bei einem Absinken von m verringert sie sich. Der IPC-Wert verhält sich entsprechend [2].

Abbildung 6.1 zeigt die auf n normierte Laufzeit mit steigender Misprediction Rate. Bei hohen Penalty-Werten kann die Laufzeit ganz erheblich anwachsen. Dies erklärt, warum die Entwickler und Hersteller von Prozessoren viel Auf-

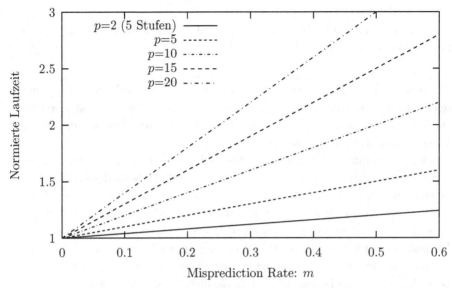

Abbildung 6.1. Relativer Laufzeitanstieg in Abhängigkeit von der Misprediction Rate für verschiedene Werte der Sprungverzögerung. Der Anteil bedingter Sprungbefehle an der Gesamtzahl ausgeführter Befehle wurde mit konstant $b = 20\%$ angenommen

wand in immer ausgeklügeltere Sprungvorhersageverfahren investieren. Der Abbildung 6.1 kann man also entnehmen, mit welchem Laufzeitanstieg zu rechnen ist, wenn der Wert der Misprediction Penalty bekannt ist oder zumindest abgeschätzt werden kann. Beispielsweise verdoppelt sich die Laufzeit eines Programms, wenn die Misprediction Penalty zehn Takte beträgt und die Misprediction Rate 50% beträgt, gegenüber dem Fall, dass die Sprungvorhersage optimal arbeitet. Bei einer fünf-stufigen Pipeline ($p = 2$) steigt die Laufzeit dann immerhin noch um einen Faktor von etwa 1,2.

Für lineare, nicht superskalare Pipelines ist die Misprediction Penalty immer konstant und entspricht der Anzahl an Stufen, die erforderlich ist, um das Ergebnis eines Sprungbefehls zu kennen -1. Für die Fünf-Stufen-Pipeline gilt also stets die Gerade für $p = 2$.

Übung 6.2.1 Für die Ausführung eines Programms auf einem Prozessor mit einer langen Pipeline, die eine Sprungverzögerung von 20 Stufen bewirkt, werden folgende Daten gemessen: 25% aller ausgeführten Befehle sind bedingte Sprünge. Davon werden 80% korrekt vorhergesagt. Wie verändert sich die Laufzeit des Programms, wenn die Pipeline so verlängert wird, dass die Sprungverzögerung um zehn Stufen anwächst und gleichzeitig die Taktfre-

6.2.1

quenz verdoppelt wird. Vernachlässigen Sie dabei die Zeit, welche die Pipeline zum Einschwingen benötigt.

Bei superskalaren Pipelines ist die Lage komplizierter und hängt vom jeweiligen Programmkontext ab. Wir wollen die Extremfälle an künstlichen Beispielen demonstrieren. In allen anderen Fällen müssen Abschätzungen oder Messungen durchgeführt werden.

Das folgende einfache Programm enthält lediglich eine Verzweigung und läuft in einer Endlosschleife. Das Verhalten des Sprungbefehls wird gesteuert durch den 64-Bit-Wert in dem globalen Register YesNo, der in jedem Schleifendurchlauf um ein Bit nach rechts rotiert wird. Nach rechts zu rotieren bedeutet, dass alle Bits um eine Position nach rechts rutschen und das niederwertigste Bit zum höchstwertigen wird. Die Verzweigung wird genau dann ausgeführt, wenn das niederwertigste Bit dieses Registers nicht gesetzt ist (PBEV, Probable Branch if Even). Es lassen sich durch Modifikationen des Wertes in dem globalen Register YesNo Muster einer Folge von Taken- (T) und Not Taken- (N) Verzweigungen vorgeben und damit die Reaktion der Vorhersageverfahren beobachten. Die entstehenden Muster von Taken/Not Taken-Verzweigungen entsprechen direkt dem Bitmuster des Wertes in YesNo. Also der Wert #AAAA AAAA AAAA AAAA wird zu dem Muster TNTNTN[2] usw. führen. Entsprechend wird der Wert #FFFF FFFF FFFF FFFF zu lauter Not Taken führen. Der Befehl in Zeile 8 zählt zunächst einfach die Not Taken-Verzweigungen. Wir werden später sehen, wie die Beobachtung der erfolgreichen Vorhersagen mit den Möglichkeiten des Pipeline-Simulators durchgeführt werden kann.

```
───────────────────────── simple.mms ─────────────────────────

 1 YesNo    GREG    #AAAAAAAAAAAAAAAA
 2
 3 P        IS      $2
 4 q        IS      $3
 5
 6          LOC     #100
 7 Main     PBEV    YesNo,1F
 8          ADD     P,P,1        Misserfolge zählen
 9 1H       AND     q,YesNo,1    rotieren
10          SLU     q,q,63
11          SRU     YesNo,YesNo,1
12          OR      YesNo,YesNo,q
```

---

[2]Die Sprungmuster sind von links nach rechts zu lesen. Im Muster „TN" tritt zuerst ein Taken auf, gefolgt von einem Not Taken.

13	JMP	Main

Dieses Programm nehmen wir nun als Grundlage, um ein Beispiel zu konstru-
ieren, das den schlechtest möglichen Fall (den so genannten *Worst Case*) der
Sprungverzögerung demonstriert. Wir verwenden wieder die oben erwähnte
PowerPC 970-Konfiguration. Ausgangspunkt ist folgende Überlegung: Die
Sprungverzögerung wächst mit der Dauer, in der der Sprungbefehl blockiert
wird (weil seine Bedingung noch nicht zur Verfügung steht), aber nur dann,
wenn in dieser Zeit weitere Befehle abgearbeitet werden könnten. Wir müssen
für die Konstruktion des Worst-Case-Beispiels also den Sprungbefehl von einer lang laufenden Operation abhängen lassen. Dafür wählen wir eine ganzzahlige Division. Ferner müssen wir ihn auf eine falsche Fährte locken, also
etwa PBEV verwenden, wenn im Register YesNo lauter Einsen stehen. Schließlich müssen wir noch dafür sorgen, dass im Fall der korrekten Vorhersage
sinnvoll Befehle ausgeführt werden könnten. Das leistet beispielsweise folgendes Programm:

```
──────────────────────── simple-mis.mms ────────────────────────
 1 YesNo     GREG    #FFFFFFFFFFFFFFFF
 2
 3 P         IS      $2
 4 q         IS      $3
 5
 6           LOC     #100
 7 Main      DIVU    YesNo,YesNo,1   liefert spät die Bedingung
 8           PBEV    YesNo,1F
 9           DIVU    $9,$9,2
10 1H        DIVU    $10,$10,2
11           AND     q,YesNo,1       rotieren
12           SLU     q,q,63
13           SRU     YesNo,YesNo,1
14           OR      YesNo,YesNo,q
15           JMP     Main
```

Das Aktivitätsdiagramm, das zur Diskussion des Programms erforderlich ist,
kann Abbildung 6.2 entnommen werden. Im Fall a) werden alle Verzweigungen falsch vorher gesagt. Während der PBEV auf das Ergebnis der Division
von Zeile 7 wartet, arbeitet die Befehlsausführung spekulativ mit der Division
in Zeile 10 auf der zweiten Ausführungseinheit für ganzzahlige Befehle weiter
(Situation A in Abbildung 6.2). Sobald das Ergebnis aus Zeile 7 feststeht,
wird die spekulativ ausgeführte Division verworfen, der Befehl aus Zeile 9

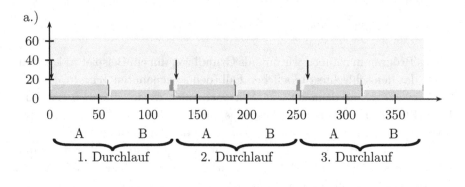

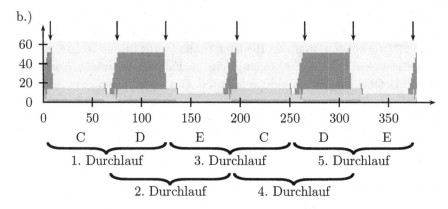

Abbildung 6.2. Aktivitätsdiagramme über 380 Taktzyklen für das Programm `simple-mis`. a.) im Falle falscher Vorhersage und b.) bei korrekter Vorhersage. Die Pfeile zeigen jeweils das Starten des Divisionsbefehls aus Zeile 7 an. In Situation a.) werden am Ende der mit A bezeichneten Phase Ergebnisse verworfen. Hinweise zum Lesen der Aktivitätsdiagramme sind in der Klappe dieses Buches eingedruckt

ausgeführt und dazu parallel nochmals der aus Zeile 10 (Situation B in der Abbildung 6.2). Die Befehle aus Zeilen 11 bis 17 laufen fast unbemerkt und sind erkennbar an den Spitzen des Aktivitätsdiagramms am Übergang von Situation B zu A.

Abbildung 6.2b. zeigt den Fall, dass die Sprungvorhersage richtig arbeitet. Dies kann entweder durch Ändern des Sprungs in BEV oder durch Ändern des Werts in YesNo auf #0 bewerkstelligt werden. Nun können die Divisionen aus Zeilen 7 und 9 gleichzeitig ausgeführt werden (Situation C in Abbildung 6.2). Dabei ist nichts zu verwerfen. Anschließend werden die Divisionen aus Zeilen 10 und wiederum aus Zeile 7 (bereits für den nächsten Schleifendurchlauf) parallel ausgeführt (Situation D). Schließlich laufen die Divisionen aus Zeilen 9 und 10 parallel (Situation E). Durch diese Variante werden je Schlei-

fendurchlauf ca. 35 Taktzyklen eingespart. Also gilt in diesem Fall $p \approx 35$.
Die Befehle aus Zeilen 11 bis 17 laufen auch hier fast unmerklich durch die
Pipeline.

Wichtig an dieser Konstruktion ist, dass die Befehle in Zeilen 9 und 10 unabhängig von dem Befehl in Zeile 7 bearbeitet werden können und dass,
während der Sprungbefehl blockiert ist, die Ausführung spekulativ weiter
läuft. In der Praxis tritt dieser Fall in dieser krassen Form selten auf, da sehr
wahrscheinlich auch die Ausführung anderer Befehle (in beiden möglichen
Zweigen) ins Stocken gerät, während der Sprungbefehl blockiert ist. Dann
sinkt die Sprungverzögerung ab. In dem Beispielprogramm `simple.mms` beträgt die Sprungverzögerung 2 und bei dem Beispielprogramm Quicksort aus
dem Anhang im Durchschnitt 2,64 bei einer Spannbreite von 2 bis 3,77.

6.3 Dynamische Vorhersage mit Zählern

Wesentlich wichtiger als statische sind dynamische Vorhersageverfahren, die
versuchen, aus der Kenntnis der in der Vergangenheit eingeschlagenen Richtung von Verzweigungen (Taken/Not Taken) auf das zukünftige Verhalten zu
schließen. Dazu wird zusätzliche Hardware zur Beobachtung und Vorhersage
von Sprüngen vorgesehen.

Im Allgemeinen werden sich nie alle Sprünge mit absoluter Genauigkeit vorhersagen lassen. Die Verfahren zur Vorhersage sind damit immer heuristisch.
Unter Heuristiken versteht man Verfahren, die auf Erfahrungen oder Faustregeln beruhen. Wie gut sie arbeiten, lässt sich nicht allgemeingültig beweisen,
sondern nur experimentell abschätzen.

Die einfachste Möglichkeit zur dynamischen Vorhersage basiert auf der Faustregel, dass eine Verzweigung sich genauso verhält wie beim letzten Mal. Zur
Realisierung dieser Vorhersagestrategie wird in der Hardware zu jedem Verzweigungsbefehl ein Bit (der so genannte Prädiktor) in einer Tabelle gespeichert. Der Prädiktor gibt an, ob der Befehl beim letzten Mal zu einem Taken
führte oder zu einem Not Taken. Bei der Ausführung des zugehörigen Sprungbefehls bestimmt dieses Bit die Vorhersage. Im Falle einer falschen Vorhersage
wird das Bit invertiert, ansonsten bleibt es unverändert. Da wir beim MMIX
die statische Vorhersage zusätzlich berücksichtigen müssen, interpretieren wir
dieses Bit wie folgt:

— „0" bedeutet, dass die Verzweigungsrichtung übereinstimmend mit der
  statischen Vorhersage eingeschlagen wird (*In Agreement*, kurz A). Dies
  entspricht einem Taken bei einem Probable Branch und ansonsten einem
  Not Taken.

Tabelle 6.1. Alle Sprungbefehle des Quicksort-Programms (einschließlich Insertion Sort) mit ihren Speicheradressen und den sich daraus ergebenden Indizes in die Prädiktorentabelle, wenn $a = 2$ Bits zur Adressierung dieser Tabelle zur Verfügung stehen. Die für die Indexbestimmung relevanten Bits der Adresse sind durch einen Kasten gekennzeichnet

Programmzeile		Adresse hex/ dual		Index
3H BNP	j,4F	#168	01 0110 10̲00	2
PBP	tmp,5B	#178	01 0111 10̲00	2
PBN	tmp,2B	#188	01 1000 10̲00	2
BN	tmp,:ISort	#194	01 1001 01̲00	1
PBNP	tmp,1F	#1b8	01 1011 10̲00	2
BNP	tmp,1F	#1cc	01 1100 11̲00	3
BNP	tmp,1F	#1e0	01 1110 00̲00	0
PBN	tmp,1B	#218	10 0001 10̲00	2
PBP	tmp,2B	#228	10 0010 10̲00	2
PBNN	tmp,1F	#230	10 0011 00̲00	0

— „1" bedeutet, dass die Verzweigung entgegen der statischen Vorhersage eingeschlagen wird (*In Opposition*, kurz O). Dies entspricht einem Not Taken bei einem Probable Branch und ansonsten einem Taken.

Realisiert werden kann ein solches Vorhersageverfahren durch eine separat gespeicherte Tabelle, die zu jedem Sprungbefehl diesen Prädiktor enthält. Es sind aber nicht alle Speicheradressen mit Programmbefehlen belegt und von diesen Befehlen sind nur einige Sprungbefehle. Also wäre es zu aufwändig, zu jeder Speicheradresse ein zusätzliches Bit zu speichern. Daher wird in konkreten Implementierungen lediglich ein spezieller Speicher eingerichtet, der 2^a Prädiktoren enthält und der mit der Adresse des Verzweigungsbefehls Modulo 2^a adressiert wird (also die niederwertigsten a Bit der Adresse)[3]. Das heißt, es werden möglicherweise mehrere Verzweigungsbefehle durch denselben Eintrag in diesem Speicher repräsentiert. Diese Mehrdeutigkeit wird aber in Kauf genommen, da es sich bei dem Vorhersageverfahren ja grundsätzlich nur um eine Heuristik handelt und nicht um ein exaktes Verfahren. Für die Sprungbefehle des Quicksort-Beispiels aus dem Anhang und den Wert $a = 2$ – also $2^a = 4$ verschiedene Prädiktoren – wird dies in Tabelle 6.1 dargestellt.

---

[3]Bei RISC-Prozessoren wird die Adresse vorher durch die Befehlswortlänge geteilt. Bei MMIX wird also durch vier geteilt, da Befehle immer nur an durch vier teilbaren Adressen stehen können.

Tabelle 6.2. Sprungvorhersage mit einem Ein-Bit-Prädiktor für einen Probable Branch, der sich nach dem Muster TTTNTTTN verhält. Die Spalte Verzweigung beschreibt das tatsächliche Verhalten des Sprungbefehls (A heißt Agreement zur statischen Vorhersage; O bedeutet Opposition). Ein Stern kennzeichnet eine falsche Vorhersage. Der Startwert für den Prädiktor ist 0 (Agreement)

Durchlauf	Prädiktor	Verzweigung	
1	0 (A)	T	
2	0 (A)	T	
3	0 (A)	T	
4	0 (A)	N	*
5	1 (O)	T	*
6	0 (A)	T	
7	0 (A)	T	
8	0 (A)	N	*
9	1 (O)	T	*
usw.			

Übung 6.3.1 Welche Indizes ergeben sich für die Sprungbefehle nach Tabelle 6.1 für $a = 3$ und $a = 4$? Wie muss a gewählt werden, damit in diesem Beispiel jedem Sprungbefehl sicher ein eigener Prädiktor zugeordnet wird?

6.3.1

Wir betrachten nun das Verhalten dieses einfachen Prädiktors im Falle einer Zählschleife mit jeweils $d = 4$ Durchläufen. Das entspricht einer Angabe von YesNo=#8888 8888 8888 8888 in dem Programm simple.mms in Abschnitt 6.2. Wir beobachten bei der Programmausführung ein Muster der Verzweigungen von drei Taken gefolgt von einem Not Taken. Die Tabelle 6.2 zeigt den Wert des Prädiktors sowie die tatsächliche Ausführung. Die Zeit läuft dabei von oben nach unten und der Wert des Prädiktors einer Zeile ergibt sich aus dem Verhalten der Verzweigung in der Zeile darüber. In den mit * gekennzeichneten Zeilen trifft die Vorhersage nicht zu. Da wir einen Probable Branch beobachten, bedeutet der Wert 0 des Prädiktors, dass ein Taken vorausgesagt wird (Agreement).

Jede Änderung des Verhaltens resultiert in zwei aufeinander folgenden falschen Vorhersagen, also in einer Trefferrate von $(d-2)/d$ gegenüber $(d-1)/d$ im Falle einer optimalen statischen Vorhersage. Dieser Prädiktor ist also nur dann gut, wenn sich am Verhalten eines Sprungbefehls lange hintereinander nichts ändert.

Tabelle 6.3. Mit Ein-Bit-Prädiktoren erzielte Trefferarten bei Insertion Sort

Zeile	Erfolgreiche Vorhersagen	Falsche Vorhersagen	Trefferrate
23	14286	4118	77,6%
27	9302	7043	56,9%
32	5469	2981	64,7%

6.3.2   **Übung 6.3.2** Finden Sie ein Beispiel, bei dem der Ein-Bit-Prädiktor besser ist als die statische Vorhersage. Welche Unterschiede kann es geben?

Tabelle 6.3 zeigt die mit diesem Prädiktor erzielbaren Trefferraten im Fall des oben besprochenen Insertion Sort. Dabei wurde a so gewählt, dass sicher jeder Verzweigungsbefehl seinen eigenen Prädiktor besitzt.

Der Befehl in Zeile 27 verhält sich etwa so, wie es oben in Tabelle 6.2 beschrieben wurde: Auf eine (mehr oder weniger lange) Serie von Taken folgt ein Not Taken, wenn das einzusortierende Element seinen Platz gefunden hat. Deshalb sinkt hier die Trefferrate gegenüber der statischen Vorhersage ab.

Das vorgestellte Verfahren kann nun in zwei Richtungen erweitert werden:

1. Man kann den Prädiktor als n-Bit-Zähler realisieren. Dieser Zähler wird dann für jede korrekte Vorhersage um 1 erhöht und für jede falsche Vorhersage um 1 erniedrigt. Ist der Zähler größer 0, so wird „Agreement" vorher gesagt, ansonsten „Opposition". Damit wird das Verhalten der Sprungbefehle über einen gewissen Zeitraum gemittelt und eine Mehrheitsentscheidung getroffen.

2. Man kann die genaue Vorgeschichte weiter in die Vergangenheit aufzeichnen und versuchen, Muster im Verhalten der Sprünge aufzuspüren. Im obigen Beispiel mit einem Verlauf, in dem auf eine Serie von Taken jeweils ein Not Taken folgt, heißt das, dass es unter Einbeziehung der Historie wahrscheinlich ist, dass auf TN wieder ein T folgen wird. Dazu später mehr.

Die Beobachtung, dass bei jedem Schleifenende zwei falsche Vorhersagen auftreten und die Tatsache, dass solche Zählschleifen recht häufig sind, hat sehr früh dazu geführt, Prädiktoren mit zwei statt nur einem Bit zu verwenden. Diese zwei Bits werden als saturierender Zähler in einer Zwei-Komplement-Darstellung mit folgender Interpretation betrachtet:

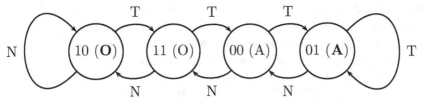

Abbildung 6.3. Zustandsübergangsdiagramm für den Zwei-Bit-Prädiktor ($n = 2$) für Probable Branches (statische Vorhersage „Taken"). Die Zustände sind mit den möglichen Bitkombinationen des Prädiktors beschriftet (in Klammern die zugehörige Vorhersage: Agreement bzw. Opposition), die Übergänge (Pfeile) mit dem tatsächlichen Verhalten des nächsten Verzweigungsbefehls

Bitmuster	Zwei-Komplement-Wert	Vorhersage
00	0	in Agreement (A)
01	1	in Strong Agreement (**A**)
11	-1	in Opposition (O)
10	-2	in Strong Opposition (**O**)

Die Zustandsübergänge für den Prädiktor können wie in Abbildung 6.3 für Probable Branches veranschaulicht werden [17]. Die Zustände sind mit den möglichen Bitkombinationen des Prädiktors beschriftet, wobei in Klammern die zugehörige Vorhersage angegeben ist. Die Pfeile geben den Folgewert des Prädiktors an, je nach dem tatsächlichen Verhalten des folgenden Verzweigungsbefehls, welches als T oder N am Pfeil vermerkt ist. Um von einer Vorhersage Strong Agreement (01) zu einer Vorhersage Opposition (11) zu kommen, müssen zwei falsche Vorhersagen in Folge auftreten.

Tabelle 6.4 zeigt die Werte des Prädiktors und das tatsächliche Verhalten des Verzweigungsbefehls im Falle des obigen Programms simple.mms mit dem Wert #8888 8888 8888 8888 (also mit dem Muster TTTN TTTN). Es gibt in diesem Fall je Schleifendurchlauf eine falsche Vorhersage weniger. Der Prädiktor ändert sich zwar, aber nur von der Meinung Strong Agreement (**A**) auf Agreement (A).

Dieser Prädiktor ist also für Zählschleifen deutlich besser geeignet als der Ein-Bit-Prädiktor.

Mit diesem Prädiktor werden im Beispielprogramm insertion.mms die in Tabelle 6.5 angegebenen Ergebnisse erzielt. Hier ergeben sich also deutlich bessere Werte als für den Fall des Ein-Bit-Prädiktors und lediglich in einem Fall ein schlechterer Wert als bei der statischen Vorhersage. Ein-Bit-Prädiktoren werden deshalb in der Praxis nicht verwendet.

Tabelle 6.4. Sprungvorhersage mit einem Zwei-Bit-Prädiktor für einen Probable Branch, der sich nach dem Muster TTTNTTTN verhält. Die Spalte Verzweigung beschreibt das tatsächliche Verhalten des Sprungbefehls. Ein Stern kennzeichnet wieder eine falsche Vorhersage. Der Startwert für den Prädiktor ist null (Agreement)

Durchlauf	Prädiktor	Verzweigung	
1	00 (A)	T	
2	01 (**A**)	T	
3	01 (**A**)	T	
4	01 (**A**)	N	*
5	00 (A)	T	
6	01 (**A**)	T	
7	01 (**A**)	T	
8	01 (**A**)	N	*
9	00 (A)	T	
usw.			

Tabelle 6.5. Mit Zwei-Bit-Prädiktoren erzielte Trefferarten bei Insertion Sort

Zeile	Erfolgreiche Vorhersagen	Falsche Vorhersagen	Trefferrate
23	16343	2061	88,8%
27	10497	5848	64,2%
32	6832	1618	80,9%

6.3.3   Übung 6.3.3

1. Wie müsste das Diagramm aus Abbildung 6.3 für die Befehle vom Typ Bxy aussehen?

2. Wie viele falsche Vorhersagen treten bei Mustern der Art TTTTNNNN-TTTTNNNN... auf?

3. Bei welchem Muster von Sprüngen (T/N) ist jede Vorhersage falsch, wenn der Prädiktor mit dem Wert 0 startet? Welcher Wert müsste dazu im Programm simple.mms in das Register YesNo eingetragen werden?

4. Bei insertion.mms liefert die statische Vorhersage für Zeile 27 eine Trefferrate von 70,4%, der Ein-Bit-Prädiktor eine von 56,9%. Warum erreicht der Zwei-Bit-Prädiktor nur 64,2% und nicht den Wert der statischen Vorhersage?

5. Die Werte, die ein Zwei-Bit-Prädiktor annehmen kann, mögen nun folgende Bedeutung haben (beachten Sie: Agreement und Opposition sind hier gegenüber oben vertauscht – diese Festlegung erfolgt ja willkürlich):

Bitmuster	Wert	Vorhersage
11	-1	in Agreement (**A**)
10	-2	in Strong Agreement (**A**)
00	0	in Opposition (O)
1	1	in Strong Opposition (**O**)

Betrachtet wird nur ein einziger Sprungbefehl PBZ. Beim Zugriff auf den Prädiktor gebe es keine Mehrdeutigkeiten. Geben Sie die in der folgenden Tabelle die Entwicklung der Werte des Prädiktors an und vermerken Sie, ob die Vorhersage korrekt ist. In der zweiten Spalte ist engetragen, wie sich der Sprungbefehl verhält.

Wert Prädiktor	Verhalten Sprungbefehl	Vorhersage korrekt?
0	Taken	
	Not Taken	
	Not Taken	
	Taken	
	Taken	
	Taken	
	Taken	
	Not Taken	
	Taken	

Nun könnte man für die Prädiktoren $n > 2$ Bits, also mehr Zustände vorsehen. Die Prädiktorentabelle wächst dabei entsprechend an. Je größer der Betrag des Prädiktors wird, desto fester ist seine Meinung über die Vorhersage in einer Richtung. Allerdings dauert es um so länger, den Prädiktor wieder zu einer anderen Meinung zu bewegen. Bei einem Prädiktor mit $n = 4$ Bits, dauert es acht Schritte, um zu erkennen, dass ein Sprung, der zehn Mal zu einem Taken führte, die nächsten zehn Mal zu Not Taken führt.

Abbildung 6.4 zeigt für das Quicksort-Programm die insgesamt erzielte Trefferrate in Abhängigkeit von der Länge n des Prädiktors (in Bit) und zwar für verschiedene Werte von a. Zur Erinnerung: 2^a ist die Anzahl der zur Verfügung stehenden Prädiktoren. a bezeichnet die Anzahl der Adressbits, die zur Auswahl des zu einem Sprungbefehl gehörigen Prädiktors herangezogen werden. Man kann der Abbildung gut entnehmen, dass sich mehr als drei Bits für den Prädiktor nicht lohnen. Es ist allerdings sinnvoll, a nicht zu klein zu wählen, da die Prädiktoren dann nicht mehr genau genug den einzelnen Sprungbefehlen zugeordnet sind.

Prädiktoren mit einem Bit werden in der Praxis gar nicht und solche mit mehr als zwei Bits werden kaum verwendet. Allerdings sind meist vier oder mehr Bits für die Adressierung der Prädiktoren vorgesehen.

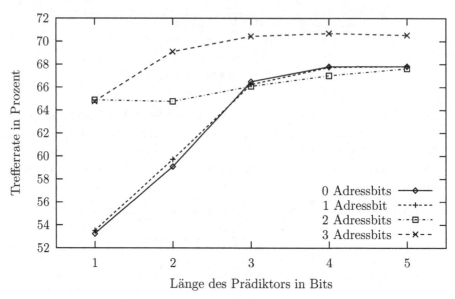

Abbildung 6.4. Gemessene Trefferrate für Quicksort abhängig von der Anzahl Bits, die für den Prädiktor verwendet werden. Null Adressbits bedeutet, dass es 2^0, also nur einen Prädiktor für alle Sprungbefehle gibt

6.4 Vorhersage unter Berücksichtigung der Vorgeschichte

Im vorherigen Abschnitt war bereits von Mustern die Rede, gemäß denen sich Verzweigungen verhalten. In der Praxis zeigt sich, dass solche Muster tatsächlich eine große Rolle spielen. Deshalb wurden Verfahren zur Vorhersage entwickelt, welche die exakte Historie der Verzweigungen als Folge von Taken und Not Taken berücksichtigen. Die Historie wird dazu in einem Schieberegister der Länge b gespeichert.

Dabei gibt es zwei Alternativen:

1. **Lokale Historie:** Es wird eine eigene Historie je Verzweigungsbefehl gespeichert (also 2^a Schieberegister).
2. **Globale Historie:** Es gibt nur eine Historie, also ein Schieberegister, das die Ergebnisse der letzten b ausgeführten Verzweigungsbefehle enthält.

Für den Fall, dass die lokale Historie betrachtet wird, ist für jede Sprungvorhersage ein zwei-stufiger Zugriff auf den Prädiktor erforderlich: Es gibt 2^a Schieberegister, von denen zuerst das zur Adresse des Sprungbefehls gehörige ausgewählt wird. Zu jeder der 2^a Adressen gibt es ferner 2^b Prädiktoren, zu jeder möglichen Historie, also zu jedem möglichen Wert des Schieberegisters einen. Der richtige n-Bit-Prädiktor wird im zweiten Schritt durch den Inhalt

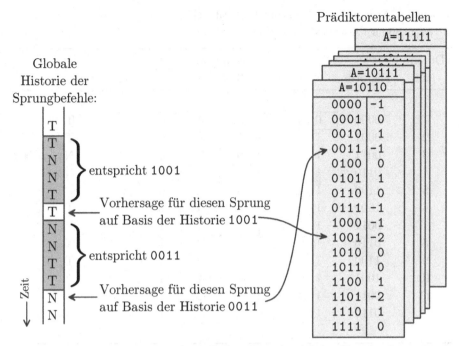

Abbildung 6.5. Sprungvorhersage unter Einbeziehung der globalen Historie mit $a = 5$ und $b = 4$. Die Historie ist links von oben nach unten dargestellt. Der jeweilige Inhalt des Schieberegisters zur Aufzeichnung der Historie ist schraffiert dargestellt. Für jede mögliche Programmadresse enthält jede Tabelle den Zusammenhang Historie/Prädiktor

des Schieberegisters adressiert und ausgelesen. Insgesamt sind $2^a \cdot (b + 2^b \cdot n)$ Bits zur Speicherung der Tabellen für die Sprungvorhersage erforderlich. Wird andererseits die Historie global betrachtet, so gibt es lediglich ein Schieberegister der Länge b. Mit diesem wird der zur Adresse des Sprungbefehls gehörende n-Bit-Prädiktor ausgelesen. Hier sind damit nur $b + 2^{a+b} \cdot n$ Bits zur Speicherung der Tabellen für die Sprungvorhersage erforderlich.

Diese Situation ist in Abbildung 6.5 veranschaulicht. Dort ist ein Schieberegister der Länge $b = 4$ verwendet und es werden $a = 5$ Adressbits betrachtet. Zu jedem möglichen Inhalt des Schieberegisters und für jede mögliche 5-Bit-Adresse gibt es einen Zwei-Bit-Prädiktor.

Das Auffinden eines Prädiktors kann dabei im Gegensatz zu oben in einem Schritt erfolgen, wenn die Prädiktorentabelle mit $a + b$ Bits adressiert wird, also die Bits der Befehlsadresse und der Historie zusammen aufführt.

Wir wollen den Ablauf des Verfahrens mit dem Programm simple.mms verdeutlichen, für das Sprungmuster TTNNTTNN, vier-Bit-Historie und zwei-Bit-Prädiktoren. Die Situation ist also wie in Abbildung 6.5, wir müssen aber

Tabelle 6.6. Änderung der relevanten 4-Bit-Prädiktoren für das Programm `simple.mms` mit einem Sprungmuster NNTT

Durch-lauf	Historie	Prädiktoren 0	1	3	6	9	12	Ver-zweigung	
1	0000	0	0	0	0	0	0	T	
2	0001	1	0	0	0	0	0	T	
3	0011	1	1	0	0	0	0	N	*
4	0110	1	1	-1	0	0	0	N	*
5	1100	1	1	-1	-1	0	0	T	
6	1001	1	1	-1	-1	0	1	T	
7	0011	1	1	-1	-1	1	1	N	
8	0110	1	1	-2	-1	1	1	N	
9	1100	1	1	-2	-2	1	1	T	
10	1001	1	1	-2	-2	1	1	T	
11	0011	1	1	-2	-2	1	1	N	
12	0110	1	1	-2	-2	1	1	N	
...									

nur eine Tabelle auf der rechten Seite berücksichtigen. Da wir ein Programm mit nur einem bedingten Sprung betrachten, ist es unerheblich, ob wir die Historie lokal oder global betrachten.

Den Ablauf der Sprungvorhersage zeigt Tabelle 6.6 für insgesamt 12 Schleifendurchläufe. Die zweite Spalte zeigt die jeweilige Historie. Ab dem dritten Schleifendurchlauf läuft das Muster 1100 entsprechend NNTT durch das Schieberegister. Der Inhalt des Schieberegisters kann als Dualzahl interpretiert werden. Für das Muster nimmt diese Zahl – in dezimal umgerechnet – nur die Werte 0, 1, 3, 6, 9 und 12 an. Die Werte 0 und 1 auch nur je ein Mal, während einer Einschwingphase. Der mittlere Teil der Tabelle zeigt die Werte der sechs zugehörigen Prädiktoren zu jedem Schleifendurchlauf. Der umrandete Wert ist der jeweils Ausschlag gebende. Betrachten wir den Prädiktor Nummer 3. Er wird herangezogen, um die Verzweigungsrichtung vorauszusagen, wenn die Historie NNTT ist, also das Schieberegister den Wert 0011 (dezimal eben 3) enthält. Der Wert ist mit 0 initialisiert und sagt damit im dritten Schleifendurchlauf zuerst „Agreement" (Taken) voraus. Dies stellt sich als falsch heraus (letzte Spalte) und der Prädiktor ändert seinen Wert auf -1, also „Opposition". Bei der zweiten Vorhersage im Schleifendurchlauf 11 stimmt die Vorhersage und der Wert ändert sich zu „Strong Oppositi-

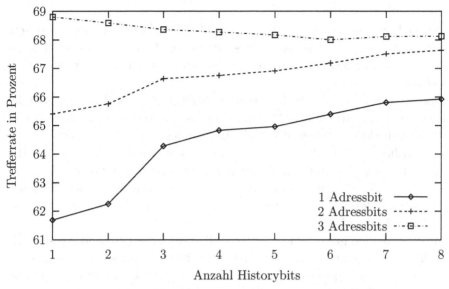

Abbildung 6.6. Messergebnisse für die Trefferrate des Quicksort-Programms für steigende Länge des Schieberegisters (Historybits) und unterschiedliche Anzahl Adressbits

on". Ab da bleibt er unverändert. In diesem Beispiel werden also nach einer Einschwingphase alle Verzweigungen korrekt vorhergesagt.

Abbildung 6.6 zeigt Messergebnisse für die Trefferrate des Quicksort-Programms für steigende Länge des Schieberegisters (Historybits) und unterschiedliche Anzahl Adressbits. Auch hier arbeitet die Sprungvorhersage umso besser, je genauer die Prädiktion einzelnen Adressen zugeordnet werden kann. Mehr als drei Historybits sind kaum lohnend, wirken sich teilweise sogar negativ aus, wie der obersten Kurve für drei Adressbits zu entnehmen ist.

6.5 Implementierungsaspekte

Damit die Sprungverzögerung möglichst gering wird, ist es erforderlich, dass die Sprungvorhersage in einer möglichst frühen Pipeline-Stufe stattfindet. Bei der Fünf-Stufen-Pipeline muss das Sprungziel bereits am Ende der Fetch-Phase bekannt sein, damit im nächsten Takt der vorhergesagte Befehl geladen werden kann und keine Sprungverzögerung auftritt. Das bedeutet, dass das Sprungziel bekannt sein muss, bevor der Befehl dekodiert ist.

Eine Möglichkeit ist ein so genannter *Branch-Target-Buffer*, der in die Logik für den Instruction Fetch integriert wird [17]. Dieser enthält zu 2^i Befehlsadressen die Adresse des Folgebefehls. Dabei treten Mehrdeutigkeiten auf, weil mehrere Speicheradressen auf denselben Eintrag im Puffer verweisen. Bei 2^i Einträgen wird ja die Speicheradresse modulo 2^i verwendet, um die Zieladresse auszulesen. Diese Mehrdeutigkeiten müssen in Kauf genommen werden.

Eine weitere Alternative bilden die *Branch-Target-Caches*, die in der Decode-Phase zum Tragen kommen [24, 34]. Dort findet man zu Adressen von Sprung-befehlen direkt nachfolgende Befehle. Es kann also im nächsten Takt aus die-sem Cache sofort der Folgebefehl an die Decode-Stufe geleitet werden. Bei dieser Lösung wird auf den Puffer nur dann zugegriffen, wenn fest steht, dass es sich beim aktuellen Befehl um einen Sprungbefehl handelt. Dies hat den Vorteil, dass sich die Mehrdeutigkeiten durch die Adressierung nicht so gravierend auswirken.

In beiden Fällen müssen in dem Puffer die Daten entsprechend der Sprung-vorhersage abgelegt werden. Beide Lösungen helfen, um auch die Zieladressen von unbedingten Sprüngen (Jumps) sowie von indirekten Sprüngen (Unter-programmaufrufe) möglichst frühzeitig zu bestimmen. Branch-Target-Caches finden sich etwa beim AMD K6-III und bei der Alpha-Prozessor 21264.

Moderne Prozessoren integrieren die Sprungvorhersage in die Fetch-Phase (siehe [17]). Sie sind in der Lage, Instruktionen, die sich noch im Fetch Buffer befinden, zu untersuchen und Vorhersagen zu treffen, wenn dort Sprungbe-fehle gefunden werden.

6.6 6.6 Sprungvermeidung

Wir haben gesehen, dass die Sprungvorhersage nie alle Verzweigungen ex-akt vorhersagen kann. Es empfiehlt sich daher, bedingte Verzweigungen zu vermeiden, wann immer das möglich ist. Dazu bieten die meisten modernen Prozessoren gewisse Möglichkeiten.

⊘ Bedingte Befehle

Damit können große Verzweigungskaskaden ohne Sprungbefehle ausprogram-miert werden (siehe Abschnitt 1.3.7). Es laufen allerdings stets alle Befehle durch die Pipeline, auch wenn sie teilweise nichts bewirken. Hier muss der richtige Punkt gefunden werden, ab wann eine Verzweigung lohnender ist, auch wenn sie falsch vorhergesagt wird. Die Sprungvermeidung durch be-dingte Befehle wird dann zu einer Optimierungstechnik, die man am besten den Compilern beibringt.

↻ Loop Unrolling

Eine weitere Möglichkeit, Sprünge zu vermeiden, bietet das Ausrollen von Schleifen, so genanntes *Loop Unrolling*. Diese Technik funktioniert nur bei einer bekannten und festen Anzahl an Durchläufen durch eine Schleife. Wir betrachten als Beipiel die Multiplikation zweier Drei-Mal-Drei Matrizen. Der besseren Übersichtlichkeit halber geben wir ein Hochsprachenprogramm an und keine Assembler-Befehle:

```
for(int  i=0;  i < 3;  i++)
        for(int  j = 0;  j < 3;  j++)
                for(int  k = 0;  k < 3;  k++)
                        m3[i][j] += m1[i][k] * m2[k][j];
```

Die innere Schleife über k wird dabei 27 Mal durchlaufen. Bei der Umsetzung in Assemblercode wird am Ende dieser Schleife ein Vergleich von k mit dem Wert 3 stehen und anschließend eine bedingte Verzweigung.

Ein Ausrollen der Schleife bedeutet, dass der Verzweigungsbefehl wegfällt und stattdessen die Befehle der Schleife drei Mal ausprogrammiert werden, wie in folgendem Codefragment zu sehen:

```
for (int  i = 0;  i < 3;  i++)
        for (int  j = 0;  j < 3;  j++)
                m3[i][j] =
                        m1[i][0] * m2[0][j]
                        + m1[i][1] * m2[1][j]
                        + m1[i][2] * m2[2][j];
```

Dies vermeidet in dem Beispiel ein Drittel aller bedingten Verzweigungen. Andererseits wird dadurch die Größe des Codes aufgebläht und der Befehlscache stärker belastet. Es ist im Einzelfall zu entscheiden, welche Variante schneller läuft. Diese Technik kann effizient nur von gut optimierenden Compilern genutzt werden.

6.7 Sprungvorhersage bei MMIX

Die Trefferquote von statischen Vorhersagen lässt sich für MMIX leicht ermitteln. Der Simulator mmix führt Buch über die Anzahl der guten bzw. schlechten Vorhersagen, die durch Verwendung der Statistikausgabe (Option -s) angezeigt werden kann. Dies lässt aber nur Aussagen über das Verhalten aller ausgeführten Verzweigungen zu. Will man das Verhalten einzelner Sprünge beobachten, so verwendet man am besten den interaktiven Modus, lässt den entsprechenden Befehl verfolgen (Trace) mittels t<adresse>

und leitet die Ausgabe in eine Datei um, die man dann mit Standard Unix-Hilfsprogrammen wie `grep` auswerten kann.

Beim Metasimulator für `MMIX` gibt es die folgenden Parameter zu konfigurieren:

— `peekahead`: Dieser Parameter gibt an, wie viele Befehle im Fetch Buffer gleichzeitig untersucht werden können, um Sprungbefehle zu entdecken und Sprungziele vorherzusagen.

— `branchpredictbits`: Entspricht der Anzahl n von Bits des Prädiktors.

— `branchaddressbits`: Anzahl a von Bits für die Speicherung der Adresse der Verzweigungsbefehle (die Adresse wird modulo a gespeichert).

— `branchhistorybits`: Anzahl b der Historybits, die berücksichtigt werden (Teil der Adresse, unter welcher jeder Prädiktor gespeichert wird).

— `branchdualbits`: Diese c Bits werden verwendet, um die Befehlsadresse mit der Historie Exklusiv-Oder zu verknüpfen, um den Prädiktor zu finden. Davon verspricht man sich eine bessere Entkopplung von Mehrdeutigkeiten der Befehlsadressen.

Details über die Sprungvorhersage gibt der Simulator aus, wenn im Verbose-Level das Bit 7 gesetzt ist (z.B. v80). Vor jedem Verzweigungsbefehl wird die Prädiktion für diesen Befehl ausgegeben: Für welche Adresse und wie sich der Prädiktor verändern würde, sollte sich die Prädiktion als zutreffend erweisen. Ob die dynamische Prädiktion mit der statischen Vohersage übereinstimmt, wird angegeben durch `OK` (für Agreement) bzw. `NG` (für Opposition). Trifft die dynamische Prädiktion nicht zu, so erfolgt eine weitere Ausgabe nach der Verzweigung, die Auskunft über den aktualisierten Wert des Prädiktors gibt. Beispiel:

```
predicting 100 OK; bp[3]=1
mispredicted 100; bp[3]=-1
```

Dies bedeutet, dass für den Verzweigungsbefehl an Adresse 100 zunächst Übereinstimmung mit der statischen Prädiktion vorausgesagt wird. Diese Vorhersage stellt sich als falsch heraus. Der Wert des Prädiktors wird schließlich zu -1 statt zu 1 gesetzt.

Die Prozessorhersteller geben Details ihrer Algorithmen zur Sprungvorhersage nur sehr sparsam an die Öffentlichkeit. Folgendes ist jedoch bekannt:

AMD Athlon 64/Opteron: Global History Buffer mit 2 Bit Prädiktoren (saturierende Zwei-Komplement-Zähler), die mit vier Bits der Befehlsadresse und acht Bits der globalen Branch History indiziert werden. Der Zugriff erfolgt gleichzeitig mit dem auf den L1-Instruktionscache.

Kapitel 7

Speichersysteme

7

7   Speichersysteme

7

7 Speichersysteme

In diesem Kapitel besprechen wir die verschiedenen Halbleiter-basierten Speichersysteme von Computern.

7.1 Die verschiedenen Speichertypen

Traditionell werden Speicher in die Klassen RAM und ROM eingeteilt:

1. *Random Access Memory* (kurz RAM) bezeichnet den Speicher, der beliebig oft und sehr schnell wiederbeschreibbar ist; der aber die Information nur speichert, solange er mit Strom versorgt wird. Er wird im Kernbereich eines Rechners eingesetzt (Hauptspeicher, Core), um einen Prozessor schnell mit den benötigten Daten zu versorgen.

   Die Bezeichnung „Random" grenzt diesen Speichertyp historisch vom seriellen Magnetbandspeicher ab. Beim RAM kann nach dem Auslesen einer Speicherstelle bei fast gleich bleibender Zugriffszeit jede beliebige andere Speicherstelle ausgelesen werden. Demgegenüber kann bei einem Magnetbandspeicher nach dem Auslesen der Information an einer Stelle nur auf die unmittelbar benachbarte Stelle ohne Zeitverlust zugegriffen werden. Eine heute sinnvollere Interpretation ist, dass bei Zugriffen auf RAM beliebig zwischen Lesen und Schreiben gewechselt werden kann.

2. *Read-Only Memory* (kurz ROM) beschreibt traditionell den nicht-volatilen Speicher, der also seine Ladung beim Ausschalten der Stromversorgung nicht verliert. Anders als der Name suggeriert, gibt es heute viele ROM-Speicher, die sich durchaus wieder beschreiben lassen. Allerdings ist das Löschen, oder zumindest das Umschalten zwischen Lesen und Schreiben, aufwändig.

Die unterschiedlichen Speichertechnologien werden im Folgenden kurz vorgestellt. Alle Speicherbausteine, gleich welcher Art und Größe, bestehen aus einzelnen Zellen, die jeweils ein Bit speichern können.

7.1.1 Nicht-volatiler Speicher (ROM)

Der Klassische ROM-Speicher wird während des Fertigungsprozesses programmiert und der Inhalt ist danach nicht mehr zu ändern. Abbildung 7.1 zeigt zwei ROM-Speicherzellen. Deren Speicherzustand wird durch das Vorhandensein einer Verbindung (Diode) zwischen der so genannten *Zeilenleitung* und der *Spaltenleitung* beschrieben. Ist die Diode vorhanden, so bewirkt das Anlegen einer Spannung auf der Zeilenleitung eine Spannungsänderung auf der Spaltenleitung. Andernfalls tritt keine Spannungsänderung auf der Spal-

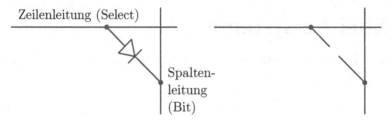

Abbildung 7.1. Zwei ROM-Speicherzellen: links mit elektrischer Verbindung von Zeilen- und Spaltenleitung, rechts ohne

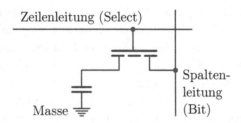

Abbildung 7.2. Aufbau einer dynamischen Speicherzelle (DRAM) aus einem Transistor und einem Kondensator

tenleitung auf. Mit dieser Technik lassen sich auch einmalig programmierbare Festwertspeicher realisieren, so genanntes *Programmable ROM* (PROM). Bei der Fertigung sind zunächst alle Dioden vorhanden. Es können Dioden durch Anlegen einer sehr hohen Spannung gezielt zerstört werden. Eine Umprogrammierung ist danach nicht mehr möglich.

Ferner gibt es Festwertspeicher, die sich durch Bestrahlung mit UV-Strahlen wieder löschen lassen. Die gängigsten wiederbeschreibbaren Festwertspeicher sind derzeit so genannte *Flash-ROM*-Bausteine. Diese können elektrisch gelöscht und neu beschrieben werden. Allerdings ist dieser Speicher relativ langsam und lässt sich nur maximal eine Million Mal neu beschreiben. Daher lässt sich dieser Speicher nicht als Hauptspeicher einsetzen.

7.1.2 Dynamisches und statisches RAM

Es gibt zwei Arten von RAM: dynamisches und statisches (kurz DRAM und SRAM). Dynamische Speicherzellen enthalten lediglich einen Transistor und einen Kondensator, wie in Abbildung 7.2 dargestellt. Der Zustand der Speicherzelle wird durch die Ladung dieses Kondensators beschrieben (z.B. Kondensator geladen $\doteq$ 1, entladen $\doteq$ 0). Beim Auslesen der Zelle geht die Ladung verloren. Die Zelle muss also anschließend wieder aufgeladen werden (destruktives Lesen).

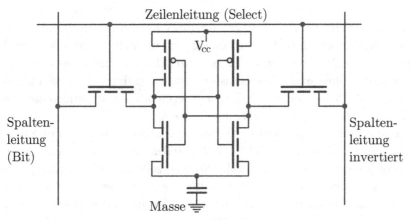

Abbildung 7.3. SRAM-Zelle bestehend aus sechs Transistoren. V_{cc} bezeichnet den Anschluss zur Versorgung der Zelle mit der erforderlichen Betriebsspannung

Demgegenüber ist eine SRAM-Speicherzelle ein Flip-Flop und muss aus vier bis sechs Transistoren aufgebaut werden, wie in Abbildung 7.3 dargestellt. Da der Platzbedarf von statischem RAM sehr viel höher ist als der von dynamischem RAM, sind große Kapazitäten an SRAM-Speicher sehr teuer zu realisieren. Allerdings kann auf statisches RAM schneller zugegriffen werden als auf dynamisches und es kann nicht-destruktiv gelesen werden. Deshalb werden schnelle Cache-Speicher mit SRAM realisiert (siehe Abschnitt 7.2) und große Hauptspeicher mit DRAM.

7.1.3 Neuere Entwicklungen (MRAM und FRAM)
Wünschenswert sind Speicher, welche die Vorteile von RAM und Flash-Speicher kombinieren, nämlich beliebig oft wiederbeschreibbar zu sein und nicht-volatil zu speichern [13]. In Entwicklung sind Speicherbausteine auf ferromagnetischer (MRAM) und ferro-elektrischer Basis (FRAM). MRAM besitzt winzige Magneten als speichernde Elemente. Es ist wie SRAM nicht-destruktiv lesbar.

7.1.4 Von der Speicherzelle zum Modul
In diesem Abschnitt beschäftigen wir uns mit dynamischen RAM-Bausteinen. Insbesondere beantworten wir die Frage, wie große Mengen an Speicher verwaltet werden. Der Kondensator einer DRAM-Zelle besitzt eine extrem kleine Kapazität von etwa 40 Femtofarad. Um die Zelle auszulesen, wird auf der *Zeilenleitung* (*Select-Leitung*) eine Spannung angelegt, woraufhin auf der Spaltenleitung eine Spannungsänderung auftritt, die dem Ladezustand des Kondensators entspricht. Diese Spannung ist sehr klein und muss daher

zunächst von einem *Leseverstärker* verstärkt werden (*Sense-Amplifier*, kurz Sense-Amp). Auch entlädt jeder Lesevorgang die Zelle, sodass sie nach dem Lesen neu beschrieben werden muss. Durch Leckströme verliert eine Zelle ferner ihre Ladung nach einer gewissen Zeit, selbst dann, wenn sie nicht ausgelesen wird. Daher werden alle Zellen in regelmäßigen Abständen ausgelesen und neu beschrieben, der so genannte *Refresh*.

Mehrere Speicherzellen werden matrixartig als zwei-dimensionales *Speicherfeld* organisiert. Ein solches Feld enthält r Zeilen und c Spalten, wobei r und c Potenzen von zwei sind. Eine einzelne Speicherzelle wird wie ein Element einer Matrix mit einer Zeilen- und eine Spaltenangabe adressiert. Diese Adressen werden nicht gleichzeitig, sondern nacheinander an ein Speicherfeld angelegt. Weil dafür dieselben Adressleitungen verwendet werden, spricht man von Adressmultiplexing. Dadurch werden an einem Speicherbaustein $\min(r, c)$ Anschlussleitungen eingespart. Die matrixartige Organisation ist auch deshalb sehr günstig, weil sie eine hohe Packungsdichte der Speicherzellen auf dem Chip erlaubt.

Zum Auslesen einer Zelle wird zunächst eine Zeilenadresse an das Feld angelegt[1], die über einen eins-aus-r-Dekoder (*Zeilendekoder*) eine Zeile auswählt. Das Anlegen der Zeilenadresse bewirkt, dass alle Zellen der ausgewählten Zeile der Matrix ausgelesen werden. Entsprechend müssen für das Feld c Leseverstärker vorhanden sein. Anschließend wird eine Spaltenadresse angelegt, mit der über einen eins-aus-c-Dekoder ein Bit aus einem der Leseverstärker ausgelesen wird. Bei einem schreibenden Zugriff eines Bits muss die entsprechende Zeile erst in die Leseverstärker gelesen werden. Dort wird ein Bit überschrieben und die Zeile kann in das Feld zurück geschrieben werden.

Die Struktur eines solchen Feldes ist in Abbildung 7.4 dargestellt.

Um nun in einem Rechnersystem gleichzeitig z.B. 64 Bit aus einem Speicher auszulesen und an den Prozessor zu leiten, werden 64 Felder benötigt – eines für jede Datenleitung. Für einen *Speicherchip*, also einen Baustein, der in einem System eingebaut werden kann, ist es nicht möglich, 64 Felder aufzunehmen und gleichzeitig 64 Bit zur Verfügung zu stellen. Es werden daher stets mehrere Speicherchips parallel betrieben, von denen jeder nur einen Teil zu den 64 Bit beiträgt. Wenn ein Speicherchip d Bit beiträgt, so sind $64/d$ Chips erforderlich. Üblich sind heute $d = 4$ und $d = 8$ Datenleitungen je Speicherchip, also 16 oder acht Chips parallel, um 64 Bit zu liefern. Die Anzahl der zur Verfügung stehenden Adressen (gewissermaßen die Speicherkapazität je Datenleitung) nennt man *Tiefe* des Speicherchips. Als Kenngröße des Speicherchips wird seine *Organisationsform* als Tiefe×Anzahl Datenlei-

---

[1]Diese Adresse besteht aus $\mathrm{ld}\, r = \log_2 r$ Bit.

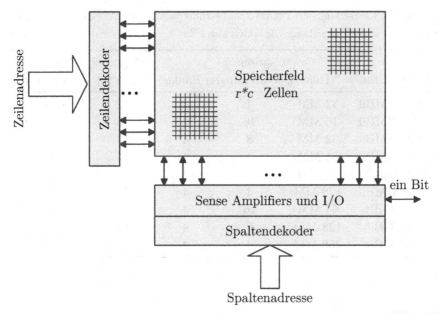

Abbildung 7.4. Ein Speicherfeld bestehend aus $r \cdot c$ Speicherzellen (siehe Abbildung 7.2), die jeweils ein Bit speichern können. Nach Anlegen einer Zeilenadresse kann aus der selektierten Zeile über eine Spaltenadresse ein Bit ausgelesen werden (rechts unten). Nach außen werden nur $\max(r, c)$ Adressleitungen aus einem Baustein herausgeführt. Zeilen- und Spaltenadressen werden nacheinander übermittelt (Adressmultiplexing)

tungen angegeben. Eine weitere innere Kenngröße ist das Verhältnis r/c, das auch als *Mapping* bezeichnet wird.

Übung 7.1.1 Wie groß kann ein Speicherfeld höchstens sein, wenn die Zeilen- und Spaltenadressen maximal 14 Bit lang sein dürfen (was bei Speicherbausteinen lange Zeit der Fall war)?   7.1.1

Speicherfelder können nicht beliebig groß werden, weil sie sich sonst aufgrund der vielen nötigen Ansteuerleitungen und der langen elektrischen Signalwege auf dem Chip nicht schnell genug betreiben ließen. Daher sind innerhalb eines Speicherchips mehrere separat adressierbare so genannte *Bänke* mit jeweils vier bzw. acht Feldern vorgesehen. Bei einem Zugriff wird mit entsprechenden Bits der Adresse zunächst eine Bank ausgewählt.

Tabelle 7.1. Kenndaten realer DRAM-Speicherchips nach [41, 42]. Angabe jeweils in Large Mega (MM) also 2^{20} bzw. Large Giga (GG) also 2^{30}

| | Organisation | | | Mapping (Adressbits) | |
Kapazität	Tiefe	Datenleitungen	Bänke	Zeilen (r)	Spalten (c)
128 MMBit	32 MM	4	4	12	11
256 MMBit	16 MM	16	4	13	9
256 MMBit	32 MM	8	4	13	10
256 MMBit	64 MM	4	4	13	11
512 MMBit	64 MM	8	4	13	11
512 MMBit	128 MM	4	4	13	12
1 GGBit	64 MM	16	4	14	10
1 GGBit	128 MM	8	4	14	11
1 GGBit	256 MM	4	4	14	12

⊙ **Beispiele**

In Tabelle 7.1 sind die Kenndaten einiger realer Speicherchips angegeben.

Wir betrachten ein handelsübliches Modul mit 1 GGB und einer Datenbusbreite von 64 Bit. Das Modul lässt sich aufbauen aus 16 Chips zu 512 MMBit mit der Organisation 128 MM×4 (letzte Zeile der Tabelle). Alternativ kann das Modul aus ebenfalls 16 Chips zu 512 MMBit mit der Organisation 64 M×8 aufgebaut werden (sechste Zeile der Tabelle). Dabei müssen dann allerdings die Chips in zwei parallelen Reihen angeordnet werden. Das heißt, die Datenleitungen von jeweils acht der 16 Chips müssen parallel geschaltet und es muss bei einem Zugriff mit der angelegten Adresse zunächst stets eine der beiden Reihen ausgewählt werden.

⊙ **Fragen zur Lernkontrolle:**

1. Was versteht man unter dem Begriff mapping bei Speicherbausteinen?
2. Was versteht man unter der Organisationsform eines Speicherbausteins?

7.1.2   **Übung 7.1.2** Wie kann ein 512 MMByte-Modul aufgebaut werden aus den Bausteinen zu 512 MMBit (32 MM×8), bzw. zu 256 MMBit (32 MM×8 oder 64 MM×4)?

❸ **7.1.5 Datentransfer**

Wir wollen nun die Adressierung des Speichers genauer ansehen. Dazu betrachten wir wie oben ein 1 GGB-Modul ($2^{30} Bytes$) bestehend aus zwei Reihen mit je acht Chips zu 512 MMBit und der Organisation 64 M×8. Insgesamt müssen 27 Adressleitungen an das Modul geführt werden ($2^{30}/2^3$, da ein Zugriff $2^3 = 8$ Bytes gleichzeitig liefert). Mit einer dieser Adressleitungen wird eine der beiden Reihen ausgewählt. Zwei weitere werden verwendet, um eine der vier Bänke eines jeden Chips zu selektieren. Es bleiben somit 24 Adressbits, die den einzelnen Feldern zugeführt werden müssen. Diese werden nacheinander als 13-Bit Zeilen- und elf-Bit Spaltenadressen angelegt (13/11 Mapping).

Wir betrachten hier ausschließlich synchrones DRAM (SDRAM), also solche Speicherbausteine, die ein Taktsignal erhalten und Datentransfers synchron zu den Flanken dieses Taktsignals durchführen. Die meisten Zeitparameter von Speichermodulen werden in der Einheit der Taktperiode angegeben [40]. Diese Angabe bezieht sich immer auf die Periodenlänge der maximalen Taktfrequenz, bei der das Modul arbeiten kann. Die Taktfrequenzen der Speicherbausteine sind deutlich niedriger als die der leistungsfähigen Prozessoren. Wir werden auf die Konsequenzen später noch ausführlich zu sprechen kommen.

Um den zeitlichen Ablauf der Speicherzugriffe besser verstehen zu können, müssen wir noch auf ein weiteres Detail eingehen [41]: Da die in den Zellen gespeicherte Kondensatorladung sehr klein ist, wird das Auslesen mit zwei parallelen Spaltenleitungen vorgenommen. Diese werden vor dem Zugriff auf eine Referenzspannung vorgeladen (*Precharge*). Die Speisung der Leseverstärker erfolgt dann über die Differenz der Ladung beider Spaltenleitungen. Dieser Vorgang dauert eine gewisse Zeit, die so genannte *Precharge Time*, t_{RP}.

Erst danach wird die Zeilenadresse angelegt und eine Steuerleitung namens *Row Address Strobe* (RAS) der Speicherbausteine aktiviert. Vor dem anschließenden Anlegen der Spaltenadresse und dem Aktivieren der zugehörigen Steuerleitung *Column Address Strobe* (CAS) muss gewartet werden, bis die Zeile in die Leseverstärker gelesen ist. Diese Zeit heißt *RAS-to-CAS-Delay* (t_{RCD}). Danach dauert es noch eine gewisse Zeit t_{CL} (*CAS Latency*), bis das Bit tatsächlich am Ausgang ansteht und abgeholt werden kann.

Nach dem ersten Anlegen einer Adresse dauert es also insgesamt $t_{RP}+t_{RCD}+t_{CL}$ Taktzyklen, bis Daten am Datenbus zur Verfügung stehen. In jedem der beteiligten Speicherfelder steht danach allerdings eine komplette Zeile des Feldes in den Leseverstärkern. Man spricht von einer *offenen Page*. Die Anzahl der Bits, die in den Leseverstärkern derselben Bank aller Speicherchips einer Reihe stehen können, heißt entsprechend *Page Länge* (Page Size) [40]. Wie viele Bits das sind, hängt vom Aufbau der Speicherbausteine ab, insbesondere vom Mapping. Alle Speicherbausteine sind in der Lage, mindestens acht aufeinanderfolgende Bits aus einer Page in aufeinanderfolgenden Taktzyklen zur Verfügung zu stellen, ohne dass eine erneute Adressierung erforderlich ist. Man spricht vom *Burst Modus*. Das bedeutet, dass bei einem Modul mit

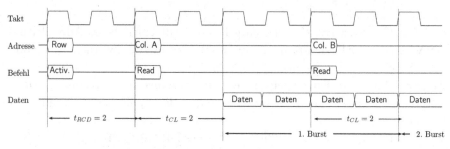

Abbildung 7.5. Timing-Diagramm für einen Speicherzugriff mit zwei aufeinanderfolgenden Bursts für $t_{RCD} = t_{CL} = 2$ und eine Burstdauer von vier. Der aufgetragene Takt ist der Speichertakt und nicht der Prozessortakt. Der vorangehende Precharge ist nicht gezeigt. Im ersten Takt wird eine Zeilenadresse angelegt und der Speicher über eine Befehlsleitung aufgefordert, die Zeile in die Leseverstärker zu übertragen (Activate). Anschließend wird die Spaltenadresse angelegt (Col. A) und ein Lesebefehl erteilt. In vier aufeinanderfolgenden Takten findet danach ein Datentransfer statt. Bereits vor Ende des Bursts wird eine weitere Spaltenadresse angelegt Col. B), sodass sich bei einem Page Hit der nächste Burst nahtlos an den ersten anschließt

64 Bit breitem Datenbus 32 Byte in $t_{RP} + t_{RCD} + t_{CL} + 3$ Takten[2] gelesen oder geschrieben werden können (Burst der Länge vier). Ein Burst wird benutzt, um einen Cache Block zu füllen, wie wir in Abschnitt 7.2.2 sehen werden.

Wenn nach einem Burst ein weiterer Zugriff auf Daten erfolgt, die bereits in den Leseverstärkern stehen (eine offene Page), so fällt nur die CAS Latency als Wartezeit an. Man spricht von einem *Page Hit* (andernfalls von einem *Page Miss*). Im Falle eines Page Hit können die Bursts nahtlos aneinander anschließen. Den zeitlichen Verlauf eines Speicherzugriffs mit Page Hit zeigt Abbildung 7.5. Bursts können auch dann nahtlos aufeinander folgen, wenn zwischen Bänken umgeschaltet werden muss. Der Befehl zum Umschalten auf eine andere Bank kann nämlich erteilt werden, während gerade eine Datenübertragung stattfindet.

Wenn andererseits auf eine bisher nicht aktive Page einer Bank zugegriffen wird, so sind zuerst die Daten aus den Leseverstärkern zurückzuschreiben. Die dafür erforderliche Zeitspanne nennt man *Active-to-Precharge Time*, kurz t_{RAS}. Dann erst kann der nächste Precharge beginnen, und es fällt die komplette Wartezeit von $t_{RP} + t_{RCD} + t_{CL}$ Takten an. Die Summe $t_{RAS} + t_{RP}$ heißt auch *RAS Cycle Time*, t_{RC}.

7.1.3   **Übung 7.1.3** Wie groß ist die Page-Länge der in Tabelle 7.1 angegebenen Speichermodule?

---

[2]Die erste Übertragung findet zur Zeit $t_{RP} + t_{RCD} + t_{CL} + 0$ statt.

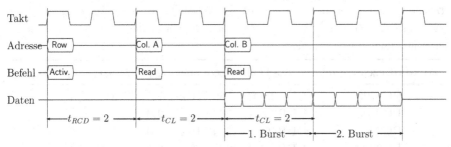

Abbildung 7.6. Timing-Diagramm für Double Data Rate Speicher mit Burstdauer vier. Gegenüber der Situation in Abbildung 7.5 ist nur die Übertragung der Daten beschleunigt. Alle anderen Zeitparameter, einschließlich des Speichertakts, bleiben unverändert

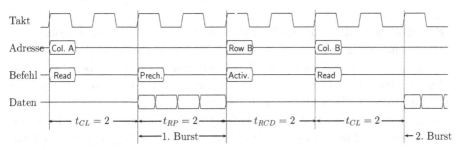

Abbildung 7.7. Timing-Diagramm für Double Data Rate Speicher im Falle eines Page Miss. Der Precharge kann parallel zur Datenübertragung veranlasst werden

Seit dem Jahr 2000 wird der so genannte *Double Data Rate Speicher* (kurz DDR) vertrieben. Dieser unterscheidet sich von den bisher besprochenen DRAM-Bausteinen dadurch, dass in einem Burst je Taktschritt zwei Datenübertragungen stattfinden können, eine mit jeder Flanke des Taktsignals. Dies ist in Abbildung 7.6 dargestellt. Lediglich die Übertragungsrate für Daten wurde dabei also verdoppelt. Alle anderen Zeitparameter gelten unverändert weiter. Abbildung 7.7 zeigt den ungünstigen Fall eines Page Miss.

⊘ Beispiele

Typische Zeitparameter von DDR-Speicherbausteinen zeigt Tabelle 7.2.
Bei einem DDR-Speichermodul mit $t_{RP} = t_{RCD} = t_{CL} = 3$, einer Speichertaktfrequenz von 333 MHz, einem Prozessortakt von zwei GHz und einer Active-to-Precharge Time von acht Takten kann es nach Anlegen einer effektiven Adresse durch den Prozessor insgesamt $(t_{RAS} + t_{RP} + t_{RCD} + t_{CL}) \cdot 2000/333 = 102$ Takte dauern, bis der Prozessor seine angeforderten Da-

Tabelle 7.2. Zeitparameter gängiger DDR-SDRAM-Module nach [42]. Die Zeiten sind jeweils in ganzen Speichertakten angegeben. Da es sich um DDR-Speicher handelt, können also halbe Taktschritte auftreten

Modul-Bezeichnung	Chip-Typ	Frequenz	t_{CL}	t_{RCD}	t_{RP}	t_{RAS}
PC2700	DDR333B	166 MHz	2,5	3	3	7
PC2700	DDR333A	166 MHz	2,0	3	3	7
PC3200	DDR400C	200 MHz	3,0	4	4	8
PC3200	DDR400B	200 MHz	3,0	3	3	8
PC3200	DDR400A	200 MHz	2,5	3	3	8

ten bekommt. Aus Sicht des Speichers sind dies 17 Taktzyklen.[3] Dem entspricht eine Transferrate von $8 \cdot 333/17$ MByte/s, also etwa 150 large Megabyte (MMB) je Sekunde. Die Hersteller geben demgegenüber die in den Bursts maximal erreichbare Transferrate an; in diesem Fall also $8 \cdot 333 \approx 2{,}66$ GByte pro Sekunde (keine Large Gigabyte).

Die in der Praxis im Mittel erzielbaren Übertragungsraten liegen irgendwo dazwischen, weil ja nicht ständig auf Daten derselben Page zugegriffen wird, andererseits aber auch nicht mit jedem Zugriff eine neue Page aufgemacht werden muss.

7.1.4   **Übung 7.1.4** An dieser Stelle können wir auf Amdahls Gesetz blicken und versuchen zu bestimmen, was der Übergang zu DDR-RAM an Leistungssteigerung bringt. Da die exakten Zugriffszeiten auf den Speicher von verschiedenen Faktoren abhängen, wie wir gesehen haben, müssen wir einige idealisierende Annahmen treffen. Die Aufgabe lautet: In einem PC werde SDRAM-Speicher gegen DDR-SDRAM-Speicher getauscht. Wie groß ist die Beschleunigung der Speicherzugriffe, unter folgenden Annahmen:

— Es werden stets Bursts der Länge acht ausgelesen (also vor und nach dem Umbau).

— Zwischen zwei Bursts muss immer genau die Zeitspanne von $t_{RCD} + t_{CL} = 4$ gewartet werden (alle anderen Latenzzeiten bleiben in dieser Aufgabe unberücksichtigt).

— Cache wird nicht betrachtet.

---

[3]Bei einer Speichertaktfrequenz von 333 MHz und einer Prozessortaktfrequenz von 2 GHz fallen auf jeden Taktzyklus des Speichers sechs Zyklen des Prozessors.

7.1.6 Die Modellierung von Speicher bei MMIX

Die Modellierung des Hauptspeichers ist bei dem MMIX-Meta-Simulator sehr schlicht gehalten. Der Grund ist, dass der Speicherzugriff meist durch separate Speicher-Controller vorgenommen wird, die vom eigentlichen Prozessor getrennt arbeiten. Auf die Modellierung der verschiedenen Zeitparameter sowie von Datentransfers in Bursts und Page Hits/Page Misses müssen wir leider verzichten.

Die Schnittstelle zum Hauptspeicher wird durch folgende vier Parameter beschrieben:

1. **membusbytes** beschreibt die Breite des Datenbusses. Dieser Wert muss eine Zweier-Potenz größer oder gleich acht sein. So viele Byte können in einem Schritt über den Bus übertragen werden.

2. **memaddresstime** gibt an, wieviele Taktzyklen vergehen, bis nach dem Anlegen einer Adresse an den Hauptspeicher der Datentransfer beginnen kann.

3. **memreadtime** gibt die Anzahl der Taktzyklen an, die ein Lesevorgang dauert.

4. **memwritetime** gibt die Anzahl der Taktzyklen an, die ein Schreibvorgang dauert.

Wie wir im folgenden Abschnitt 7.2.2 sehen werden, werden immer die Daten für einen ganzen Cache Block aus dem Hauptspeicher gelesen oder in den Hauptspeicher geschrieben. Dieser Mechanismus ist auf die Burst-Transfers der Speicherbausteine abgestimmt (siehe Abschnitt 7.1.5). Der Meta-Simulator verwendet für den Transfer der c·membusbytes Byte eines Cache Blocks die Zeit von

— memaddresstime+c·memreadtime für Lesezugriffe und
— memaddresstime+c·memwritetime für Schreibzugriffe.

Es bietet sich somit an, die Summe der Zeiten $t_{RAS} + t_{RP} + t_{RCD} + t_{CL}$ durch die **memaddresstime** zu modellieren und die Zeiten für das eigentliche Lesen und Schreiben entsprechend kurz zu wählen. In dem Beispiel von Abschnitt 7.1.5 sind dann für das Lesen und Schreiben je zwölf bzw. sechs Speichertakte bei DDR-RAM anzusetzen.

Die **memaddresstime** wird allerdings nicht bei jedem Zugriff so hoch sein. Das wird nämlich nur dann der Fall sein, wenn der Prozessor häufig weit verstreut liegende Daten anfordert. Greift der Prozessor dagegen auf nahe beieinander liegende Daten zu, so liegen diese mit großer Wahrscheinlichkeit in derselben Page oder in der offenen Page einer anderen Bank bzw. eines anderen Moduls. In diesem Fall kann die für die Adressierung benötigte Zeit im günstigsten Fall bis auf null absinken. Ein sinnvoller Wert für **memaddresstime** scheint zwischen 20% und 50% von $t_{RAS} + t_{RP} + t_{RCD} + t_{CL}$ zu liegen (also im Beispiel 20 bis 50 Prozessortakte).

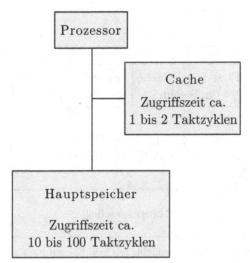

Abbildung 7.8. Ein Cache ist zwischen Prozessor und dem Hauptspeicher angeordnet. Bei jedem Speicherzugriff wird überprüft, ob sich die gesuchten Daten im Cache befinden. Falls das der Fall ist, kann der Prozessor schnell bedient werden, und es ist kein langsamer Zugriff auf den Hauptspeicher erforderlich. Die angegebenen Zugriffszeiten beziehen sich auf den Prozessortakt

7.2 Cache-Speicher

7.2

Das Wort *Cache* bedeutet Versteck. Ein Cache-Speicher fasst wesentlich weniger Daten als der Hauptspeicher, ist aber wesentlich schneller. Es sollen also Daten versteckt werden, um sie schnell zur Verfügung zu haben. Im Idealfall kann auf jede Speicherstelle eines Caches innerhalb eines Taktzyklus des Prozessortaktes zugegriffen werden.

Bei einem Speicherzugriff muss überprüft werden, ob sich die gesuchten Daten bereits im Cache befinden. Falls ja, so erhält der Prozessor sehr schnell die geforderten Daten aus dem Cache. Andernfalls muss ein langsamer Zugriff auf den Hauptspeicher eingeleitet werden. Wird ein gesuchter Wert im Cache gefunden, so spricht man von einem *Cache-Hit*, kurz Hit, andernfalls von einem *Cache-Miss*, kurz Miss. Abbildung 7.8 zeigt die Verbindung zwischen Prozessor, Cache und Hauptspeicher.

7.2.1 Speicher-Hierarchien

Bisher haben wir von einem Cache und dem Hauptspeicher gesprochen. In der Praxis werden heute mehrere Stufen von Caches eingesetzt. Man spricht von einer *Speicherhierarchie*. Ganz oben in der Hierarchie steht der *First-Level-Cache*. Dieser Cache ist sehr schnell, d.h., er kann Daten in einem bis zwei Prozessor-Taktzyklen zur Verfügung stellen. Er ist dadurch teuer und

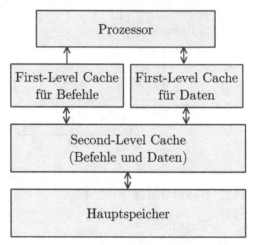

Abbildung 7.9. Typische Speicherhierarchie mit zwei Ebenen von Caches. Aufgrund der getrennten First-Level-Caches für Befehle und Daten spricht man von einer Pseudo-Harvard-Architektur

meist nicht besonders groß. Darunter kann ein *Second-Level-Cache* vorhanden sein, der zwar langsamer als der First-Level-Cache ist, aber immer noch deutlich schneller als der Hauptspeicher. Er ist größer als der First-Level-Cache. Zwischen dem Hauptspeicher und dem Second-Level-Cache könnte noch ein Third-Level-Cache angeordnet sein usw. Beim Zugriff auf Daten kann in allen Hierarchie-Ebenen gleichzeitig begonnen werden, die Daten zu suchen.

Aus Sicht eines Betriebssystems sind auch der Hauptspeicher sowie die Festplatten Teil der Speicherhierarchie.

Es hat sich durchgesetzt, den First-Level-Cache in zwei Teile zu trennen: Einen für Daten und einen für Befehle. Der Prozessor greift auf den Befehlscache ausschließlich lesend zu. Diese Aufteilung ist bekannt unter dem Begriff *Pseudo-Harvard-Architektur*. Im Unterschied dazu verfügt die klassische von-Neumann-Architektur über einen gemeinsamen Speicher für Programm und Daten. Die Vorsilbe „Pseudo" deutet an, dass die Aufteilung in getrennte Speicherbereiche für Programm und Daten erst in einer sehr hohen Ebene der Speicherhierarchie geschieht. Eine reine Harvard-Architektur würde auch getrennte Hauptspeicher für Programm und Daten aufweisen. Eine solche Architektur findet man lediglich bei Signalprozessoren.

7.2.1   **Übung 7.2.1** Warum ist es bei den meisten modernen Prozessoren verboten, Programme zu schreiben, die sich selbst verändern (so genannter selbstmodifizierender Code)?

Wir befassen uns nun mit Möglichkeiten, die Daten in einem Cache zu organisieren, sodass jederzeit festgestellt werden kann, welche Daten enthalten sind.

7.2.2 Cache-Organisation

In einem Cache werden grundsätzlich *Blöcke* gespeichert, deren Länge (Anzahl enthaltener Bytes) eine Zweierpotenz ist. Auch die Anzahl der Blöcke in einem Cache ist stets eine Zweierpotenz. Statt von einem Cache-Block spricht man oft auch von einer *Cache-Line*. Die Blockgröße wird in der Praxis so gewählt, dass ein Block mit einem Burst aus dem Hauptspeicher gefüllt werden kann (siehe Abschnitt 7.1.5)

Im Folgenden bezeichne $m = 2^b$ die Blockgröße in Bytes. Wir betrachten zunächst einen Cache mit nur einem einzigen Block und beschränken uns auf lesende Speicherzugriffe. In den Cache werden nur Blöcke aus dem Hauptspeicher übertragen, die an durch m teilbaren Adressen beginnen. Im Hinblick auf den Cache wird also der Hauptspeicher so betrachtet, als wäre er in Blöcke der Länge $m = 2^b$ Bytes unterteilt. Bei einem Zugriff auf die Speicheradresse A werden m Bytes startend bei Adresse $m \cdot \lfloor A/m \rfloor$ aus dem Hauptspeicher in den Cache übertragen. Damit sich bei nachfolgenden Speicherzugriffen feststellen lässt, zu welcher Hauptspeicheradresse der Cache-Block gehört, wird die Adresse mit gespeichert. Es reicht aus, die höchstwertigen $w - b$ Bits der Adresse zu speichern. Dabei bezeichnet w die Länge einer Adresse in Bit. Diese $w - b$ Bits kann man als Speicheradresse des Blockes betrachten. Die niederwertigen b Bits der Adresse ergeben sich durch die Lage (Offset) eines Bytes innerhalb des Blockes. Den mitgespeicherten Anteil der Adresse bezeichnet man als *Tag* (Marke, Kennzeichen). Jeder lesende Speicherzugriff erfordert also einen Vergleich der auszulesenden Speicheradresse mit dem Tag. Bei Übereinstimmen liegt ein Cache-Hit vor.

Nun verdoppeln wir die Größe des Cache und betrachten zwei Cache-Blöcke. Zur Organisation des Cache bieten sich dabei zwei Möglichkeiten an. Im ersten Fall ist jeder Block für jeweils eine Hälfte des Hauptspeichers zuständig. Alternativ könnten beide Blöcke Daten von beliebigen Speicheradressen aufnehmen.

Im ersten Fall werden die Daten in den ersten Cache-Block geschrieben, wenn der Wert $\lfloor A/m \rfloor$ gerade ist, und ansonsten in den zweiten Cache-Block. Entsprechend ist zu jedem Cache-Block lediglich ein Tag der Länge $w - b - 1$ zu speichern. Weil dadurch der jeder Speicheradresse zugeordnete Cache-Block festgelegt ist, nennt man diese Organisationsform auch einen *direkt abbildenden Cache* (direct mapped).

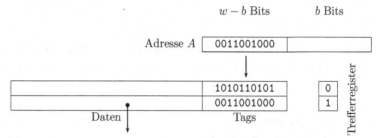

Abbildung 7.10. Cache mit zwei Blöcken und assoziativer Speicherung. Die höchstwertigen $w - b$ Bits der Adresse werden gleichzeitig mit allen Tags verglichen. Eine Übereinstimmung mit einem der Tags wird durch eine Eins im Trefferregister signalisiert (hier beim zweiten Tag)

Interessanter, aber komplizierter und aufwändiger zu realisieren, ist die zweite Variante. Hier kann jeder Block Daten von beliebigen Speicheradressen aufnehmen. Wenn nach einer bestimmten Adresse gesucht wird, so müssen die höchstwertigen Adressbits mit jedem einzelnen Tag verglichen werden. Um den Cache nicht zu verlangsamen, müssen diese Vergleiche parallel ausgeführt werden. Eine Übereinstimmung mit einem der Tags wird durch eine 1 im so genannten *Trefferregister* signalisiert. An diesem Trefferregister lässt sich feststellen, ob ein Cache-Hit vorliegt, und die Daten an der entsprechenden Position werden aus dem Cache ausgelesen.

Für einen Cache mit zwei Blöcken ist dies in Abbildung 7.10 veranschaulicht. Die Menge der gespeicherten Tags wird elementweise mit der gesuchten Adresse verglichen. Ein Cache-Block wird also nicht wie bei gewöhnlichem Speicher über eine Adresse gefunden, sondern über sein mitgespeichertes Tag. Diese Form des Auffindens gespeicherter Daten nennt sich *Content Addressable Memory*, kurz CAM. Gebräuchlich ist auch der Begriff der *assoziativen Speicherung* (von „assoziieren": Verknüpfen, gedanklich zusammenschließen; insbesondere arbeitet auch das menschliche Gehirn assoziativ). Caches sind das Hauptanwendungsgebiet solcher assoziativen Speicher.

Der Übergang zu mehr als zwei Blöcken ist bei direkt-abbildenden Caches ganz einfach möglich. Bei assoziativ organisierten Caches ist für jeden zusätzlichen Block eine eigene Logik zum schnellen Vergleich jedes einzelnen Tags mit einer gegebenen Adresse erforderlich. Dadurch steigt der Aufwand mit jedem Block erheblich an. In der Praxis hat sich daher ein Mittelweg zwischen direkt abbildender und vollständig assoziativer Speicherung etabliert: Jeweils $n = 2^a$ Blöcke werden zu einem so genannten *Set* zusammen gefasst. Der ganze Cache besteht aus 2^c solcher Sets. Es werden c Bits einer Speicheradresse verwendet, um einer Adresse ein Set zuzuordnen. Die Nummer dieses Sets bezeichnet man als *Index* oder *Set-Adresse*. Innerhalb des Sets kann ein

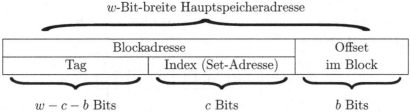

Abbildung 7.11. Von einer w-Bit-breiten Speicheradresse werden $w - c - b$ Bits als Tag im Cache mit abgespeichert. Weitere c Bits dienen zur Bestimmung des zugeordneten Set

Block nach dem Prinzip der assoziativen Speicherung an jeder beliebigen Position abgelegt werden. Man spricht von n-*Wege assoziativem Cache* (n-Way Set Associative).

Ein Cache besteht also aus 2^c Sets zu je $n = 2^a$ Blöcken der Größe $m = 2^b$ Bytes. Die Zerlegung einer Speicheradresse A in die Komponenten, die zum Auffinden im Cache erforderlich sind, zeigt Abbildung 7.11.

Zusammenfassend wollen wir anhand eines Beispiels mit acht Cache-Blöcken die drei Arten von Caches noch einmal vorstellen. Wir beobachten den vierzehnten Block des Hauptspeichers (d.h. $\lfloor A/m \rfloor = 14$).

1. Der voll-assoziative Cache besteht aus nur einem Set, d.h. es gilt $c = 0$. Der Block kann an jede beliebige Position des Cache gespeichert werden (verdeutlicht durch die graue Schraffur aller Blöcke).

Set	0							
Block	0	1	2	3	4	5	6	7
Daten								
Tag								

2. Der andere Extremfall ist der direkt abbildende Cache. Er enthält je Set nur einen Block, also gilt hier $a = 0$ d.h. $n = 1$. Der Block kann nur an die feste Position $14 \bmod 8 = 6$ geschrieben werden (graue Schraffur).

Set	0	1	2	3	4	5	6	7
Block	0	0	0	0	0	0	0	0
Daten								
Tag								

3. Ein n-Wege assoziativer Cache besteht aus Sets zu je n Blöcken. Wir geben das Beispiel für $n = 2$ an, also einen Zwei-Wege assoziativen Cache. Das Set ist durch die Adresse selbst festgelegt zu $14 \bmod 4 = 2$. Innerhalb des

Sets Nummer zwei kann der Block an jede der beiden möglichen Positionen gespeichert werden.

Set	0		1		2		3	
Block	0	1	0	1	0	1	0	1
Daten								
Tag								

7.2.2   **Übung 7.2.2** Gegeben sei ein Rechner mit 32-Bit-breiten Adressen (entspricht 4GGB Adressraum) und einem Cache der Größe 64KKB mit 2^{10} Blöcken zu je 64 Byte.

1. Bestimmen Sie für folgende Organisationsformen jeweils die Anzahl der Sets im Cache sowie die jeweils erforderliche Anzahl an Bits für Tag, Index und Offset.
   (a) direkt abbildend
   (b) voll-assoziativ
   (c) 4-Wege assoziativ
   (d) 8-Wege assoziativ

2. In welches Set werden die Daten von folgenden Hauptspeicheradressen bei der jeweiligen Organisationsform eingetragen?
   (a) #0010 BABE
   (b) #0010 BABF
   (c) #0010 BAC0
   (d) #ABCD BA88

❯ 7.2.3 Verdrängungsstrategien

Wird ein Block nicht im Cache vorgefunden, so ist er aus dem Hauptspeicher zu laden, wird dann aber im Cache abgelegt, damit er bei zukünftigen Zugriffen schneller verfügbar ist. Bei einem direkt abbildenden Cache wird dadurch ein bereits vorhandener Block einschließlich des zugehörigen Tags aus dem Cache entfernt und durch den neuen Block ersetzt. Man spricht von *Verdrängung*.

Bei allen Arten von assoziativer Organisation gibt es aber mehr als eine Position, an der ein Block untergebracht werden kann. Für den Fall, dass alle Plätze in einem Set bereits belegt sind, ist eine Entscheidung zu treffen, welcher Block verdrängt wird. Dazu werden in der Praxis mehrere Strategien verfolgt:

Die einfachsten derartigen *Verdrängungsstrategien* bestehen darin, Blöcke im Set nacheinander auszuwählen (*sequential*) oder zufällig (*random*).

Da aber der Zweck eines Cache darin besteht, häufig benutzte Daten schnell verfügbar zu halten, erscheint es sinnvoll, den schon am längsten nicht mehr verwendeten Eintrag zu verdrängen. Solche Strategien nennen sich *Least-Recently Used* oder auch *Least-Frequently Used*. Diese Strategie erfordert zusätzliche Zähler, die entweder die Zugriffshäufigkeit auf jeden einzelnen Cache-Block speichern oder die Reihenfolge, in der die Zugriffe auf die Blöcke innerhalb des Set stattgefunden haben. Die Zugriffshäufigkeit zu vermerken ist unpraktikabel, weil das einen zusätzlichen Sortierschritt erfordert. Es gibt $n! = n \cdot (n-1) \cdot (n-2) \cdot \ldots \cdot 1$ mögliche Reihenfolgen, die bei diesem Verfahren zu berücksichtigen sind. Also müssten je Set $\log_2(n!)$ Bits vorgesehen werden, um die aktuell vorliegende Zugriffsreihenfolge zu kodieren. Das entspricht fünf Bits bei 4-Wege assoziativen Caches und bereits 16 Bits bei 8-Wege Assoziativität.

Dieses Verfahren ist sehr aufwändig in Hardware zu implementieren, da bei jedem Zugriff die gespeicherte Zugriffsreihenfolge kompliziert zu ändern ist. Daher wird in der Praxis oft ein Verfahren eingesetzt, das zwar einfacher zu implementieren ist, aber nicht immer den tatsächlich am längsten unbenutzten Eintrag liefert. Das Verfahren heißt *Pseudo-LRU*. Es speichert zu jedem Set einen Vektor mit $2^a - 1$ Bits, den *Pseudo-LRU-Bits*. Betrachten Sie beim Lesen der folgenden Erklärung bitte Abbildung 7.12. Man stellt sich vor, dass die Blöcke eines Sets a-Mal sukzessive in zwei Teilmengen aufgeteilt werden. Ein gesuchter Block muss sich jeweils in einer der beiden Teilmengen befinden. Jedes der Pseudo-LRU-Bits dient in einem der Teilungsschritte als Merker, in welcher Teilmenge sich der zuletzt gesuchte Block befand (Wert 0 für erste Teilmenge, Wert 1 für zweite Teilmenge).

Abbildung 7.12 demonstriert dieses Verfahren für einen 8-Wege assoziativen Cache ($a = 3$). Je Set gibt es acht Blöcke. Zusätzlich wird je Set ein Vektor mit sieben Pseudo-LRU-Bits gespeichert. Eine 0 zeigt an, dass an der Position der letzte Zugriff in die linke Teilmenge erfolgte.

Für die Belegung $(1, 0, 0, 1, 0, 1, 1)$ des Vektors mit den LRU-Bits suchen wir nun einen zu verdrängenden Block. Wir stellen fest, dass das erste Bit (von links beginnend) 1 ist. Also erfolgte der letzte Zugriff in die rechte Teilmenge (Blöcke 4 bis 7). Ein zu verdrängender Block muss also in der linkenTeilmenge gesucht werden. Wir betrachten daher als nächstes das LRU-Bit 2 (zweites von links). Dieses ist 0, also erfolgte der letzte Zugriff in diesem Bereich auf einen der Blöcke 0 oder 1. Verdrängt werden muss somit einer der Blöcke 2 oder 3. LRU-Bit 5 ist 0 und zeigt an, dass wir Block 3 verdrängen müssen. Wird dann also Block 3 verdrängt, so sind die LRU-Bits zu aktualisieren. Sie müssen signalisieren, dass der nunmehr letzte Zugriff auf Block 3 erfolgte. Es

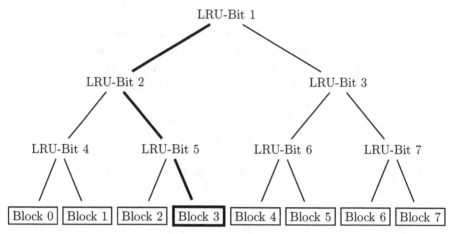

Abbildung 7.12. Verdrängungsstrategie Pseudo-LRU bei einem 8-Wege assoziativen Cache. Dargestellt sind die acht Blöcke eines Sets sowie die Zuordnung von Pseudo-LRU-Bits zu den sukzessive gebildeten Teilmengen. Die Nummerierung der Bits beginnt dabei der Einfachheit halber links mit 1. Ist ein Pseudo-LRU-Bit 1, so erfolgte der letzte Zugriff in die rechte darunterliegende Teilmenge. Für eine Belegung der Pseudo-LRU-Bits von $(1, 0, x, x, 0, x, x)$ ist das Auffinden des zu verdrängenden Blockes durch dicke Linien dargestellt. Die Werte der mit x gekennzeichneten Bits sind im Augenblick ohne Bedeutung (so genannte don't care Werte)

wird also Bit 1 zu 0, Bit 2 zu 1 und Bit 5 zu 1 gesetzt. Der Vektor ändert sich also zu $(0, 1, 0, 1, 1, 1, 1)$. Wir sehen auch, dass in diesem Fall die Werte der nicht betrachteten Bits drei, vier sowie sechs und sieben ohne Bedeutung sind (don't care-Werte).

7.2.3   **Übung 7.2.3** Für welche Werte der Assoziativität sind die Verdrängungsstrategien LRU und Pseudo-LRU identisch?

7.2.4   **Übung 7.2.4** Ergänzen Sie die folgende Tabelle für einen 8-Wege assoziativen Cache (die Belegung der LRU-Bits in der ersten Spalte muss nicht unbedingt die Folgebelegung der vorangegangenen Zeile sein!):

Belegung der LRU-Bits	Verdrängung von	Folgebelegung der LRU-Bits
$(1, 0, 0, 1, 0, 1, 1)$	Block 3	$(0, 1, 0, 1, 1, 1, 1)$
$(1, 0, 1, 0, 0, 0, 0)$		
$(0, 1, 0, 1, 1, 1, 1)$		
$(1, 0, 0, 1, 1, 1, 1)$		
$(1, 1, 1, 1, 1, 1, 1)$		
$(0, 1, 1, 0, 1, 0, 0)$		

7.2.4 Schreibende Cachezugriffe

Bislang haben wir Caches ausschließlich aus der Sicht lesender Speicher-zugriffe betrachtet. Allein wenn man bedenkt, dass jeder Befehl vor seiner Ausführung aus dem Speicher geladen werden muss, ist klar, dass insgesamt mehr lesende als schreibende Speicherzugriffe erfolgen. Dieser Fall ist also sehr wichtig. Nun wollen wir uns aber den schreibenden Speicherzugriffen zuwenden.

Die Betrachtung schreibender Speicherzugriffe beginnen wir mit einer kurzen Erinnerung an die spekulative und die Out-Of-Order Ausführung von Be-fehlen. Erst mit der endgültigen Bestätigung eines Store-Befehls werden die zu schreibenden Daten an den Speicher übergeben. Wie bereits beschrieben verfügen praktisch alle Prozessoren über einen Schreibpuffer (Write Buffer), um schreibende Speicherzugriffe zu beschleunigen.

Zum eigentlichen Zurückschreiben von Daten in den Cache gibt es wieder eine verwirrende Vielzahl von Strategien, die einem Prozessorbauer zur Aus-wahl stehen. Wir beginnen mit folgenden Alternativen, die oft auch *Cache-Strategien* genannt werden:

— *Write-Through:* Hier werden die Daten sowohl in den Cache-Block als auch in die nächst tiefer liegende Stufe der Speicherhierarchie geschrieben.

— *Write-Back:* Dabei werden Daten zunächst nur in den Cache geschrieben und erst im Falle einer Verdrängung in der nächst tiefer liegenden Stufe der Speicherhierarchie aktualisiert.

Bei der Write-Through-Strategie ist gewährleistet, dass stets dieselben Da-ten im Hauptspeicher und im Cache vorhanden sind. Bei Write-Back ist das nicht der Fall. Dabei muss dann unbedingt im Cache vermerkt werden, wel-che Daten im Falle einer Verdrängung im Hauptspeicher zu aktalisieren sind. Zu diesem Zweck erhält jede Cache Line ein so genanntes *Dirty-Bit*. Das Bit wird gesetzt, sobald der Cache-Block aktuellere Daten enthält als der Haupt-speicher. Nur in diesem Fall ist Rückschreiben im Falle der Verdrängung erforderlich. Beim Zurückschreiben spricht man oft auch von einem *Castoff* (englisch castoff, der Verstoßene). Daten, die zurückgeschrieben werden sollen, kommen zunächst in einen Puffer, den *Castoff-Buffer*, von dem aus sie in den Hauptspeicher übertragen werden, so bald das möglich ist.

Im Hinblick auf die Ausführungsgeschwindigkeit ist die Write-Back-Strategie im Vorteil, sobald mehrere aufeinander folgende Schreibzugriffe in denselben Cache-Block erfolgen. Andererseits ist diese Strategie aufwändiger zu implementieren. Es kann hierbei auch folgende Situation auftreten: Wenn ein lesender Zugriff einen als dirty gekennzeichneten Block verdrängt, so muss vor dem eigentlichen Lesen erst noch ein schreibender Speicherzugriff erfolgen. Ein Stillstand, den ein Zurückschreiben bewirkt, heißt *Write-Stall*.

Weitere Alternativen gibt es hinsichtlich des Verhaltens eines Cache bei schreibenden Speicherzugriffen auf eine Stelle im Speicher, die gerade nicht im Cache vorgehalten wird. Wird das zu schreibende Datum auch in den Cache eingefügt, so spricht man von *Write-Allocate*, ansonsten von *Write-Around*. Üblicherweise verwenden Write-Back Caches Write-Allocation. Caches vom Typ Write-Through sind meist als Write-Around ausgeführt. Die Unterschiede treten dann zu Tage, wenn wir verschiedene Kombinationen von lesenden und schreibenden Zugriffen an dieselbe Speicheradresse oder zumindest dieselbe Cache-Line betrachten:

— **Zwei Reads hintereinander.** Hier gibt es keinen Unterschied zwischen Write-Allocate und Write-Around: Der erste Read führt zu einem Miss. Der Block wird daraufhin im Cache eingetragen und beim zweiten Read wird der Block aus dem Cache gelesen (Hit).

— **Read gefolgt von Write.** Auch hier besteht kein Unterschied zwischen den beiden Strategien: Der erste Read führt zu einem Miss. Der Block wird im Cache eingetragen und beim darauffolgenden Write im Cache aktualisiert (Bei Write-Through Caches darüber hinaus auch im Hauptspeicher).

— **Ein Read nach einem Write.** Nur bei einem Cache mit Write-Allocate wird der Block beim ersten Write (Miss) im Cache eingetragen und beim anschließenden Read von dort ausgelesen. Bei Write-Around ist der Block beim Read aus dem Speicher zu laden.

— **Zwei Writes hintereinander.** Bei Write-Allocate-Strategie wird der Block beim ersten Write (Miss) im Cache eingetragen und beim zweiten Write aktualisiert. Bei Write-Around wird der Block beide Male nur in den Hauptspeicher geschrieben.

Bei häufigen Schreibzugriffen auf viele unterschiedliche Cache-Blöcke führt Write-Allocation also eher zu einer Verlangsamung. Im Durchschnitt ist diese Strategie aber ein wenig besser [37].

7.2.5 Caches in der Praxis

Die Größe der praktisch eingesetzten Caches ist in den letzten Jahren stark gewachsen. Auch ist die Komplexität der Caches gestiegen, das heißt es werden zunehmend assoziative Caches mit steigenden Assoziativitätsgraden gebaut.

Tabelle 7.3 fasst die Cache-Parameter einiger Beispielprozessoren zusammen. Die Hersteller bauen oft mehrere Varianten ihrer Prozessoren mit unterschiedlich großen Caches. Bei einem konkreten Prozessor einer der angegebenen Serien können die Werte daher von denen der Tabelle abweichen.

7.2.6 Caches bei MMIX

Wie in den vorangegangenen Abschnitten, so wollen wir auch hier wieder Hinweise zum Experimentieren mit dem MMIX-Meta-Simulator geben.

Insgesamt sind fünf verschiedene Caches konfigurierbar. Zwei davon sind Tabellen zum Übersetzen von virtuellen 64-Bit-Adressen auf physische 48-Bit-Adressen (siehe Abschnitt 8). Und zwar je eine Tabelle zum Übersetzen von Adressen von Instruktionen und von Daten, genannt *Instruction Translation-Cache* (kurz *IT-Cache*) und *Data Translation Cache* (kurz *DT-Cache*). Diese Tabellen werden oft auch *Translation Lookaside Buffers* genannt. Im Gegensatz zu den anderen Caches lassen sich die Translation Caches nicht abschalten.

Ferner sind je ein First-Level Cache für Befehle und Daten (*I-Cache* und *D-Cache*) vorgesehen sowie ein Secondary Cache (*S-Cache*). Alle Caches lassen sich ausschalten. Allerdings setzt der S-Cache das Vorhandensein beider First-Level Caches voraus.

Folgende Parameter lassen sich für jeden Cache einstellen:

— blocksize gibt die Anzahl der Bytes pro Cache-Line an. Dieser Wert muss eine Zweier-Potenz und darf höchstens 8192 sein.

— setsize ist die Anzahl der Sets in jeder Cache-Line. Auch dieser Wert muss eine Zweier-Potenz sein.

— assocativity legt den Assoziativitätsgrad fest. Muss wiederum eine Potenz von Zwei sein.

— accesstime ist die Anzahl an Taktzyklen, die benötigt werden, um aus dem Cache auszulesen.

— copyintime ist umgekehrt die Anzahl an erforderlichen Taktzyklen, um anstehende Daten in den Cache zu schreiben.

— ports bezeichnet die Anzahl der gleichzeitig möglichen Zugriffe auf einen Cache. Ein S-Cache mit zwei Ports kann beispielsweise gleichzeitg D-Cache und I-Cache mit Daten versorgen oder gleichzeitig Daten vom Speicher erhalten und Daten an einen First-Level-Cache weiter geben.

Tabelle 7.3. Cache-Parameter einiger konkreter Prozessoren. Fehlende Werte konnten nicht ermittelt werden

Cache	Parameter	AMD K6-III	Pentium 4	Athlon 64
	Größe	32KKB	8KKB	64KKB
Daten	Line Lize	64 Byte	64Byte	64 Byte
	Assoz.	2-fach	8-fach	
	Größe	32KKB	12K-μ-ops[a]	64KKB
Code	Line Size	64 Byte	64Byte	64 Byte
	Assoz.	2-fach		
	Größe	256KKB	512KKB	1MMB
L2	Line Size	64 Byte	128Byte (64?)	64Byte
	Strategie		unified incl.	unified excl.
	Replacement	echt LRU	pseudo LRU, w-through	
	Assoz.	4-fach	8-fach	16-fach

Cache	Parameter	PowerPC 970
	Größe	32KKB
Daten	Line Size	
	Assoz.	2-fach
	Größe	64KKB
Code	Line Size	
	Assoz.	direct
	Größe	512KKB
L2	Sine Size	
	Strategie	unified
	Replacement	
	Assoz.	8-fach

[a]Der Cache speichert nicht die x86-Befehle, sondern die durch den Microcode Sequencer erzeugten Mikrobefehle

– Als Ersetzungsstrategie stehen zur Auswahl random, serial, lru und pseudolru, wie oben besprochen.

Beim D-Cache und S-Cache, also den Caches, auf die auch schreibend zugegriffen wird, lassen sich ferner folgende Parameter konfigurieren:
– granularity (Granularität, Körnigkeit) gibt an, auf wie viele Bytes sich ein Dirty-Bit bezieht. Ein einzelner MMIX-Befehl kann stets nur Daten in einem Octa-Byte schreiben. Wenn nun aber eine Cache-Line mehr als ein Octa-Byte aufnehmen kann, so wird mit einem Speicherbefehl auch nur eines der Octa-Bytes beschrieben. Damit müsste auch nur dieses eine Octa-Byte als Dirty gekennzeichnet werden. Dies ist aber nur dann möglich, wenn für jedes Octa-Byte ein eigenes Dirty-Bit vorhanden ist, was in der Praxis oft nicht der Fall ist. Wenn nur ein Dirty-Bit pro Cache-Line vorhanden ist, so führt jeder Castoff gleich zu mehreren Schreibzugriffen auf den Hauptspeicher – selbst wenn nur ein einziges Octa geändert wurde. Dieser Parameter beschreibt also die Auflösung der Dirty-Bits.
– copyouttime gibt an, wie viele Taktzyklen erforderlich sind, um eine Cache-Line in den Castoff-Buffer zu kopieren.

Die Aktivitätsdiagramme, die sich mit der in Anhang A.4 vorgestellten Oberfläche zur Visualisierung erzeugen lassen, geben auch Auskunft über sämtliche Aktivitäten des Hauptspeichers und der Caches. Unterhalb der Darstellung der Belegung des Reorder Buffer sind mehrere Spuren, in denen das angezeigt wird. Abbildung 7.13 zeigt einen kurzen Ausschnitt von 300 Taktzyklen für das Programm Quicksort.
Es ist deutlich zu sehen, dass der schreibende Zugriff vom S-Cache auf den Hauptspeicher abgeschlossen sein muss, bevor umgekehrt der S-Cache vom Hauptspeicher lesend gefüllt werden kann (ganz links). Lesen aus dem Hauptspeicher bedeutet auch ein gleichzeitiges Füllen von S-Cache und D-Cache. Gut erkennbar ist auch, dass die Befehlsausführung während dieser lesenden Speicherzugriffe ins Stocken gerät (stall) – es ist keine Veränderung im Reorder Buffer zu beobachten.

Beispiel
Als Beispiel verwenden wir eine sehr häufig ausgeführte Aufgabe: Das Kopieren von Zeichenketten. In C steht dazu die Funktion strncpy zur Verfügung. Diese kopiert die Zeichen einer Zeichenkette von einem Quell- in einen Zielbereich. Allerdings nur bis eine vorgegebene Anzahl an Bytes kopiert oder

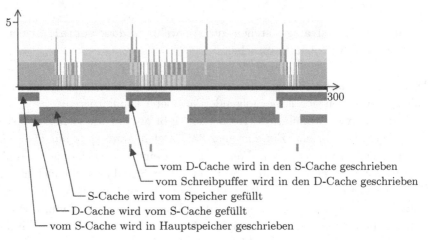

vom D-Cache wird in den S-Cache geschrieben
vom Schreibpuffer wird in den D-Cache geschrieben
S-Cache wird vom Speicher gefüllt
D-Cache wird vom S-Cache gefüllt
vom S-Cache wird in Hauptspeicher geschrieben

Abbildung 7.13. Aktivitätsdiagramme über 300 Taktzyklen mit Anzeige der Aktivitäten des Speichers und der Caches im unteren Bereich

das abschließende Null-Byte gelesen ist. Diese Vorgehensweise schützt vor Pufferüberläufen, die Ursache vieler Sicherheitslücken in Software sind.

```
────────────────────────── strncpy.mms ──────────────────────────
 1 dest     IS    $0
 2 src      IS    $1
 3 len      IS    $2
 4 offset   IS    $3
 5 char     IS    $4
 6
 7 strncpy  BZ    len,done   Länge erreicht
 8          LDBU  char,src,offset
 9          STBU  char,dest,offset
10          ADD   offset,offset,1
11          SUB   len,len,1
12          PBNZ  char,strncpy
13
14 done     POP   1,0
```

Dieses Programm wollen wir mit verschiedenen Konfigurationen des Daten-Cache untersuchen. Da wir eine unzählige Menge an Konfigurationsmöglichkeiten haben, werden wir einige Parameter festhalten. Wir betrachten einen Daten-Cache mit vier Cache-Lines zu je 16 Bytes sowie einer Granularität von 16. Der Bus zum Speicher soll auch diese 16 Bytes gleichzeitig d.h. parallel transportieren können. Ferner setzen wir alle Zeitparameter des Daten-Cache

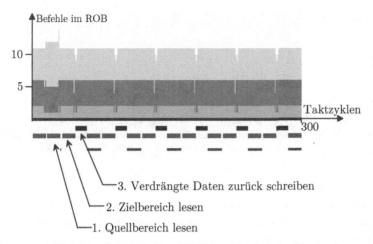

Abbildung 7.14. Aktivitätsdiagramm über 300 Taktzyklen bei Ausführung des Programms `strncpy.mms` mit direkt abbildendem Cache. Die mit 1. bis 4. markierten Vorgänge werden im Text näher erläutert

auf 1. Wir starten mit einem direkt abbildenden Cache, d.h. Assoziativität eins. Die Ersetzungsstrategie spielt damit keine Rolle. Einen Secondary-Cache betrachten wir im Augenblick nicht.

Der Cache arbeite zunächst mit Write-Back und Write-Allocate.

Direkt abbildender Cache

Als erste Konfiguration betrachten wir einen direkt-abbildenden Cache. Ein Ausschnitt des Aktivitätsdiagramms ist in Abbildung 7.14 dargestellt. Im Einzelnen können wir folgende Phasen sehen:

1. Zunächst muss der Cache mit den beiden Octa-Bytes gefüllt werden, in denen sich das in Zeile 8 zu ladende Byte befindet (Quellbereich).
2. Anschließend müssen die Octa-Bytes geladen werden, in die aus Zeile 9 das Byte hineinzuschreiben ist (Zielbereich).
3. Wir haben für dieses Beispiel die Adresse von Quell- und Zielbereich so gewählt, dass beide auf die gleiche Cache-Line abgebildet werden. Das bedeutet, dass mit dem Laden in Zeile 9 die in Zeile 8 gelesenen Bytes verdrängt werden. Da die Daten des Quellbereichs nicht verändert wurden, können sie einfach aus dem Cache gelöscht werden. Die Cache-Line enthält nun also die Daten des Zielbereichs, ein Byte wird überschrieben mit dem kopierten Wert und die Cache-Line wird als dirty gekennzeichnet.
4. Im folgenden Durchlauf durch die Kopierschleife müssen die eben verdrängten Werte des Quellbereichs neu gelesen werden. Diese verdrängen wiederum die Cache-Line, die gerade beschrieben wurde. Da die Cache-

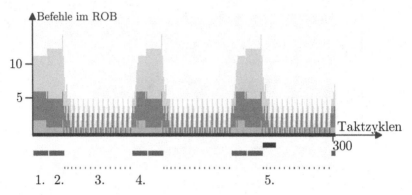

Abbildung 7.15. Aktivitätsdiagramm über 300 Taktzyklen bei Ausführung des Programms `strncpy.mms` mit 2-Wege assoziativem Cache. Die mit 1. bis 5. markierten Vorgänge werden im Text näher erläutert

Line als dirty gekennzeichnet ist, muss sie in den Speicher zurück geschrieben werden.

Dieser Effekt, dass sich gewisse Datenbereiche ständig gegenseitig aus dem Cache verdrängen, ist ein recht häufiges Phänomen. Man spricht von *Thrashing* (englischen to thrash prügeln).

In diesem Beispiel lässt sich dieses Verhalten vermeiden, wenn die Adressen des Quell- und des Zielbereichs so gewählt werden, dass sich keine Überschneidung bei der Abbildung auf eine Cache-Line ergibt. Die Lage der Daten im Speicher lässt sich meist aber nur schwer beeinflussen bzw. daraufhin überprüfen, ob sie ein solches Thrashing auslöst. Gute Compiler können die Parameter des Cache berücksichtigen.

Es erweist sich in diesem Fall als vorteilhaft, assoziativen Cache einzusetzen, um die Gefahr des Thrashing zu mindern. Betrachten wir also als Nächstes einen 2-Wege assoziativen Cache. Nun werden die Daten von Quell- und Zielbereich auf das gleiche Cache-Set abgebildet, können innerhalb des Sets jedoch in unterschiedliche Cache-Lines gelegt werden. Das zugehörige Aktivitätsdiagramm zeigt Abbildung 7.15.

Wir sehen folgende Phasen:

1. Daten des Quellbereichs werden in den Cache geschrieben.
2. Daten des Zielbereichs werden in den Cache geschrieben.
3. Nach jedem Schreibvorgang (Zeile 9) wird der Inhalt des Write-Buffers in den Daten Cache übertragen. Dies erfolgt insgesamt 16 Mal.
4. Die ersten 16 Werte sind kopiert und die nächsten 16 Bytes werden in das zweite Cache-Set geladen.

5. Erst wenn zum dritten Mal 16 Bytes kopiert werden, müssen Daten aus dem ersten Cache-Set verdrängt werden. Die Daten des Zielbereichs sind als dirty gekennzeichnet und müssen zurück geschrieben werden. Die verdrängten Daten werden zunächst in den Castoff-Puffer geschrieben. Sie verharren dort während des Lesevorgangs und werden anschließend in den Speicher übertragen. Diese Übertragung läuft parallel zum Kopiervorgang, der ausschließlich mit Daten des Cache arbeitet.

Victim Buffer

Wir haben gerade gesehen, dass assoziativer Cache eher vor Thrashing schützt, als direkt abbildender Cache. Dennoch kann auch bei assoziativem Cache Thrashing auftreten. Ein weiterer Mechanismus, der erfunden wurde als Mittel gegen Thrashing ist der so genannte *Victim-Buffer* (englischen victim, das Opfer). Dieser Victim-Buffer ist ein Puffer zwischen dem Cache und dem Castoff-Buffer. Cache-Lines, die verdrängt werden, kommen zuerst in diesen Victim-Buffer. Von dort können sie in den Cache zurückgeholt werden, falls das erforderlich ist. Erst wenn sie auch aus diesem Puffer verdrängt werden, sind sie endgültig aus dem Cache verschwunden.

Ein Victim-Buffer kann betrachtet werden wie ein zusätzliches Cache-Set. Wenn er mehr als eine Cache-Line aufnehmen kann, so hat auch er eine eigene Verdrängungsstrategie. Er ist einfacher und damit billiger zu realisieren als assoziativer Cache und durchaus recht wirksam. Beim MMIX-Meta-Simulator lässt sich der Victim-Buffer durch den Parameter victimbuffer konfigurieren.

Im betrachteten Beispiel bewirkt das Thrashing im Fall des direkt abbildenden Cache lediglich eine Verdrängung der Werte in den Victim-Buffer hinein. Von dort können sie sofort wieder in den Cache zurück geholt werden. Das bedeutet, dass sich das Verhalten mit direkt abbildendem Cache und Victim Buffer in diesem Fall praktisch nicht unterscheidet von der Konstellation mit assoziativem Cache.

Verschiedene Schreibstrategien

Als nächsten Parameter ändern wir die Schreibstrategie. Bei einem Write-Through Cache wird bei jedem Schreiben eines Bytes die komplette Cache-Line in den Speicher zurück geschrieben. Wir bekommen die in Abbildung 7.16 dargestellte Situation.

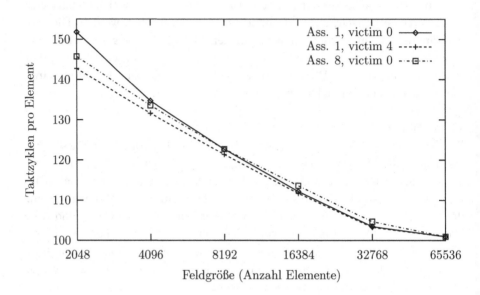

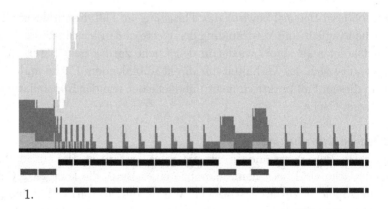

Abbildung 7.16. Ausführung des Programms `strncpy.mms` mit 2-Wege assoziativem Cache, Victim Buffer, aber Write-Through

Kapitel 8
Virtueller Speicher

8

8   **Virtueller Speicher**

8

8 Virtueller Speicher

Moderne Prozessoren erlauben es einem Betriebssystem, jedem Prozess einen eigenen Adressraum mit 64-Bit-Adressen zur Verfügung zu stellen. Da kein System über so viel Speicher verfügt, werden Mechanismen eingebaut, die einem Prozess diesen großen Adressraum lediglich virtuell vorspielen. Prozessor und Betriebssystem helfen gemeinsam, mit dem zur Verfügung stehenden physischen Speicher jedem Prozess den gleichen großen Adressraum vorzuspielen. Dadurch ist die Anwendungsprogrammierung unabhängig von den tatsächlichen physischen Gegebenheiten des Speichers, was die Programmierung erheblich erleichtert.

Der reale Speicher wird in Blöcke unterteilt, so genannte *Seiten* oder *Pages*. Jedem Prozess werden davon Seiten nach Bedarf zugeteilt. Abbildung 8.1 zeigt diese Organisation. In der Mitte ist der physisch vorhandene Speicher dargestellt. Links und rechts davon sind die Adressräume von zwei Prozessen gezeichnet. Die Pfeile repräsentieren die Zuordnung der Seiten in den virtuellen Speicherbereichen auf physischen Speicher. Bei jedem Speicherzugriff muss der Prozessor die virtuelle in eine physische Adresse umrechnen. Durch diesen Mechanismus wird gewährleistet, dass Prozesse ausschließlich auf die ihnen zugeteilten Seiten im physischen Speicher zugreifen können. Sehr wichtig ist, dass dieser Umrechnungsvorgang sehr schnell abläuft, da er ja bei jedem Speicherzugriff erforderlich ist. Nur durch diesen Mechanismus ist es möglich, moderne Multitasking- und Multiuser-Betriebssysteme zu schreiben. Auf einfachen Prozessoren, die über keine Vorkehrungen für die virtuelle Speicherverwaltung verfügen, lässt sich kein vollständiges Betriebssystem wie etwa Linux oder Windows XP starten. Die Speicherbereiche der einzelnen Prozesse könnten dort nicht voreinander abgeschottet werden, was ein erhebliches Sicherheitsrisiko bedeuten würde. Die in Hardware realisierten Teile der Speicherverwaltung heißen *Memory Management Unit*, kurz MMU. Wenn der physische Speicher nicht ausreicht, um den Speicherbedarf der Prozesse zu befriedigen, kann das Betriebssystem einzelne Seiten auf eine Festplatte auslagern. Man spricht dabei von *Demand Paging*. Details obliegen dem Betriebssystem und sind in der entsprechenden Literatur nachzulesen.

8.1 Organisation des virtuellen Speichers bei MMIX

Bei MMIX ist der Speicher in zwei große Bereiche geteilt: Dem Betriebssystem sind alle Adressen über #8000 0000 0000 0000 vorbehalten, also negative Adressen, wenn man sie als Zahlen in Zwei-Komplement-Darstellung betrachtet. Anwenderprogrammen stehen die positiven Adressen zur Verfügung. Ein

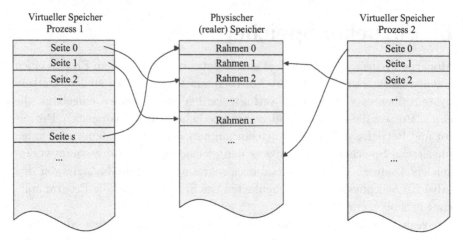

Abbildung 8.1. Zuordnung von Seiten aus den virtuellen Speicherbereichen zweier Prozesse (links und rechts) zum physischen Speicher (Mitte)

Anwenderprogramm kann nicht auf negative Adressen zugreifen, weder lesend noch schreibend, noch zum Ausführen von Code. Wird es dennoch versucht, so löst der Prozessor einen Interrupt aus. Code von negativen Adressen kann nur über TRAP-Befehle oder nach Interrupts (dynamische TRAPs) ausgeführt werden. An welchen negativen Adressen die Programmausführung fortgesetzt wird, steht in den Spezialregistern rT und rTT [1]. Die Inhalte dieser Register sowie die Befehle, die nach einem TRAP ausgeführt werden, entziehen sich aber der Kontrolle des Anwenders.

Der Anwenderspeicher bei MMIX ist in vier Segmente eingeteilt: Textsegment, Datensegment, Poolsegment und Stacksegment [1]. Bei der binären Darstellung positiver Adressen können die beiden Bits nach dem Vorzeichenbit als Segmentnummer interpretiert werden. Tabelle 8.1 fasst die Details zusammen.

Im Gegensatz zu einem Anwenderprogramm kann ein Betriebssystem auf den kompletten physischen Speicher zugreifen. MMIX wurde so konzipiert, dass er mit maximal 2^{48} Byte physischem Speicher umgehen kann. Das Betriebssystem kann über die negativen Adressen linear auf den Speicher zugreifen, wobei das Vorzeichenbit beim Speicherzugriff invertiert wird. Es greift also mit der Adresse #8000 0000 0000 0000 auf die Adresse 0 des physischen Speichers zu usw. Über Adressen, die größer sind als 2^{48}, wird der Zugriff auf Geräte ermöglicht. Man spricht hierbei von *Memory-Mapped I/O*. Die Steuerregister von Hardwaregeräten, wie etwa Grafikkarten, Netzwerkkarten und Bussystemen werden in den physischen Adressraum jenseits der Adresse 2^{48} eingeblendet.

Tabelle 8.1. Die vier Segmente des Anwenderadressraums [1]. Die beiden auf das Vorzeichenbit folgenden Bits werden als Segmentnummer interpretiert

Segment- name	Adress- bereich	Segment- nummer
Textsegment	#0 ... #1FFF FFFF FFFF FFFF	0
Datensegment	#2000 0000 0000 0000	
	... #3FFF FFFF FFFF FFFF	1
Poolsegment	#4000 0000 0000 0000	
	... #5FFF FFFF FFFF FFFF	2
Stacksegment	#6000 0000 0000 0000	
	... #7FFF FFFF FFFF FFFF	3

16	48-s	$s-13$	10	3
x	a	y	n	p

$$s \text{ Bits}$$

Abbildung 8.2. Struktur eines Page Table Entries (PTE)

Alle Seiten eines Prozesses besitzen eine feste Größe 2^s mit $13 \leq s \leq 48$. Jede Seite ist also mindestens 8 KKB groß und kann theoretisch bis zur maximalen Speichergröße von 2^{48} angelegt werden. Die Seiten sind segmentweise organisiert. Zu einer gegebenen Adresse A aus dem Anwenderadressraum kann die Segmentnummer sowie die Seitennummer bestimmt werden: Die Segmentnummer ist $A/2^{61}$. Die Seitennummer ergibt sich zu $(A \bmod 2^{61})/2^s$ (siehe dazu die folgende Übung 8.1.1).

Übung 8.1.1 Wie können die Berechnungen der Segmentnummer und der Seitennummer zu einer Adresse A mit der Dualdarstellung der Adresse schnell ausgeführt werden?.

8.1.1

8.2 Page Table Entries

8.2

Zu jeder verwendeten Seite eines Segments muss es einen so genannten *Page Table Entry* (PTE) geben. Wir sehen uns nun zuerst an, welche Auskunft der PTE gibt und beschäftigen uns erst danach mit der Frage, wie die Page Table Entries verwaltet werden. Ein PTE ist ein 64-Bit-Wert, der die in Abbildung 8.2 dargestellten Informationen enthält:

4	4	4	4	8	27	10	3
b_1	b_2	b_3	b_4	s	r	n	f

Abbildung 8.3. Die im Spezialregister rV enthaltenen Felder

– Der wichtigste Eintrag eines PTE ist das Feld a. An der Adresse $a \cdot 2^s$ im physischen Speicher findet sich nämlich das erste Byte der zum PTE gehörigen Seite. Der Wert $a \cdot 2^s$ lässt sich schnell berechnen, weil dem Feld a genau s Bits folgen. Diese werden durch eine bitweise Und-Verknüpfung zu 0 gesetzt.

– n gibt die Nummer des zugehörigen Prozesses an. Da jeder Prozess seinen eigenen Adressraum besitzt, kann n auch als Adressraumnummer gesehen werden.

– p beschreibt die Zugriffsrechte des Anwenderprogramms auf diese Seite. Die drei Bits stehen für Read, Write und Execute (rwx), in Anlehnung an die Rechteverwaltung unter Unix-artigen Betriebssystemen.

– x und y sind Felder, die ein Betriebssystem beliebig verwenden kann, etwa um zu kennzeichnen, ob die Seite seit dem letzten Paging-Vorgang von der Festplatte in den Hauptspeicher verändert wurde.

8.2.1

Übung 8.2.1 Gegeben sei der Wert $s = 32$ und die zu zwei Adressen gehörenden PTE #0000 0000 0000 0007 sowie #0000 0001 0000 0006. Welche Informationen kann diesen Page Table Entries entnommen werden?

Wir wissen nun, wie eine virtuelle Adresse auf eine physische abgebildet werden kann, wenn der Page Table Entry bekannt ist. Nun wenden wir uns der Frage zu, wie man zum PTE kommt. Dabei spielt das Spezialregister rV eine zentrale Rolle. Der Inhalt dieses Registers ist prozessspezifisch und kann vom Anwenderprogramm nicht geändert werden. Seine Verwaltung obliegt einzig und allein einem Betriebssystem. Abbildung 8.3 zeigt die Informationen, die in diesem Register vorgehalten werden.

Im Einzelnen haben die Felder folgende Bedeutung:

– Die Werte b_1 bis b_4 geben Auskunft über die maximale Anzahl an Seiten in den vier Segmenten. Wenn man dazu gedanklich noch einen konstanten Wert $b_0 = 0$ ergänzt, so gilt, dass Segment i maximal $1024^{b_{i+1} - b_i}$ Seiten umfassen kann ($0 \le i \le 3$). Wenn zwei aufeinanderfolgende Werte für die b_i gleich sind, so gibt es nur eine Seite in dem betreffenden Segment.

– Die Seitengröße ist 2^s.

— r ist ein Bezugspunkt für eine Tabelle von PTE im physischen Adressraum Die PTE für Segment i stehen ab der Adresse $2^{13}(r + b_i)$. Die dort
vorgefundene Tabelle bezeichnet man als *Root Tables*.

— n ist wiederum die Adressraumnummer, die zu der Angabe in den PTE
passen muss.

— f gibt an, ob die Adressübersetzung durch die Hardware ($f = 0$) oder
durch Software durchgeführt wird ($f > 0$).

Ab der Adresse $2^{13}(r + b_i)$ müssen sich also im physischen Speicher die vom
Betriebssystem zur Verfügung gestellten Page Table Entries für Segment i
finden. Der für die PTE nutzbare Bereich ist beschränkt auf die Adressen
von null bis 2^{40}, weil 27 Bits zur Codierung von r vorgesehen sind. Für
die ersten 1024 Seiten des Segments findet man ab dieser Adresse je einen
Page Table Entry. Da PTE 8 Byte lang sind, steht der PTE für Seite a_i mit
$0 \leq a_i < 1024$ des Textsegments an der physischen Adresse $2^{13}(r+0)+8 \cdot a_i$.
Die Zahl 2^{13} spielt hier immer eine große Rolle, weil ein Block von 1024 PTE
zu je acht Byte genau $8 \cdot 1024 = 2^{13}$ Byte lang ist.

Page Table Entries für Seiten mit Nummern oberhalb 1023 werden allerdings
anders organisiert. Zum besseren Verständnis schieben wir zunächst als Beispiel die Standardkonfiguration des Meta-Simulators ein.

8.3 Standardkonfiguration des Meta-Simulators

Wenn man den Meta-Simulator `mmmix` startet, so ist dort der Wert `rV=#369c`
`2004 0000 0000` als Standard vorgegeben. Dies bedeutet:

— $b_{i+1} - b_i = 3$ für alle i, also können maximal 1024^3 Seiten je Segment
verwaltet werden.

— Für die Seitengröße gilt $s = 20_{16} = 32_{10}$, d.h. alle Seiten haben die im-
mense Größe 2^{32}, also 4 GGB.

— $r = 200000_{16} = 2^{21}$

— $n = f = 0$

Damit wissen wir, dass ab den Adressen $2^{13} \cdot (2^{21} + b_i) = 2^{34} + 2^{13} \cdot b_i$ Page
Table Entries für Segment i zu finden sind. Der Meta-Simulator sieht in der
Standardkonfiguration aber nur eine Seite je Segment vor. Das heißt, in jedem
Block von PTE ist nur der erste Eintrag belegt. Damit kann in jedem Seg-
ment nur auf Adressen innerhalb der ersten vier Gigabyte zugegriffen werden.
Zugriff auf größere Adressen führt dazu, dass leere PTE gelesen werden (aus
Speicherbereichen, die mit 0 initialisiert sind), deren Protection Bits 0 sind

und somit zu einem Protection Failure führen. Die Belegung des Speichers ist Abbildung 8.4 zu entnehmen.

8.4 Page Table Pointer

Um die Organisation für die weiteren Entries zu verstehen, muss man sich die Seitennummer als Zahl in einem Zahlensystem zur Basis 1024 vorstellen, d.h. jede Ziffer repräsentiert zehn Bit der dualen Darstellung der Seitennummer. Eine Umrechnung ist ähnlich einfach wie zwischen dual und oktal bzw. hexadezimal. Die Darstellung sei $(a_4, a_3, a_2, a_1, a_0)_{1024}$ (mit Ziffern $0 \le a_i < 1024$). Für den eben betrachteten Fall der ersten 1024 Seiten gilt $a_1 = a_2 = a_3 = a_4 = 0$. Einzig a_0 wird benutzt, um den PTE aufzufinden.

Wir betrachten als nächstes den Fall $a_1 > 0$ (und a_0 beliebig, alle anderen a_i null): Nach den 1024 PTE für die ersten 1024 Seiten kommen weitere 1024 Einträge, aber keine Page Table Entries, sondern so genannte *Page Table Pointer*, von denen jeder auf einen Block von 1024 PTE verweist. In dem Block wird der PTE über a_0 ausgewählt. Die Struktur von Page Table Pointern zeigt Abbildung 8.5.

Die Elemente bedeuten im Einzelnen:

- c bezeichnet eine Adresse im physischen Speicher, an der weitere Page Table Pointer oder Page Table Entries zu finden sind.
- n ist wieder die Nummer des Adressraumes.
- q – dieses Feld ist ungenutzt.

Im Beispiel $a_1 > 0$ wird der Eintrag a_1 gewählt, an Adresse $2^{13} \cdot (r+1) + a_1$. Sind $a_i > 0$ für $i > 1$ so verweist der erste PTP auf einen Block mit 1024 weiteren PTP, bis schließlich a_1 auf PTE verweist. Im Extremfall werden also schrittweise über a_4, a_3, a_2 und a_1 weitere Page Table Pointer geladen, bis a_1 einen Block von Page Table Entries adressiert, aus dem schließlich mit a_0 einer gewählt werden kann. Dies bedeutet, dass zum Auffinden eines PTE unter Umständen mehrere Speicherzugriffe erforderlich sind. Insbesondere dauert das Auffinden eines zu einer Adresse gehörenden PTE umso länger, je größer die Adresse ist.

Abbildung 8.6 zeigt die Organisation der PTP und PTE bei MMIX.

Übung 8.4.1 An welcher Stelle im Speicher müssten in der Standardkonfiguration welche Page Table Pointer sowie ein Page Table Entry ergänzt werden, damit im Meta-Simulator auch Speicher an der virtuellen Adresse #3000 0000 0000 0000 zur Verfügung stünde?

Physische Adressen		Größe	Belegung
#0			
	Erste Seite im Textsegment	4GGB	Virtuelle Adressen #0 bis #FFFF FFFF
#FFFF FFFF #1 0000 0000			
	Erste Seite im Datensegment	4GGB	Virtuelle Adressen #2000 0000 0000 0000 bis #2000 0000 FFFF FFFF
#1 FFFF FFFF #2 0000 0000			
	Erste Seite im Poolsegment	4GGB	Virtuelle Adressen #4000 0000 0000 0000 bis #4000 0000 FFFF FFFF
#2 FFFF FFFF #3 0000 0000			
	Erste Seite im Stacksegment	4GGB	Virtuelle Adressen #6000 0000 0000 0000 bis #6000 0000 FFFF FFFF
#3 FFFF FFFF #4 0000 0000	Platz für Root Tables Textsegment	24KKB	Nur die ersten acht Bytes sind mit einem PTE belegt
#4 0000 5FFF #4 0000 6000	Platz für Root Tables Datensegment	24KKB	Nur die ersten acht Bytes sind mit einem PTE belegt
#4 0000 BFFF #4 0000 C000	Platz für Root Tables Poolsegment	24KKB	Nur die ersten acht Bytes sind mit einem PTE belegt
#4 0001 1FFF #4 0001 2000	Platz für Root Tables Stacksegment	24KKB	Nur die ersten acht Bytes sind mit einem PTE belegt
#4 0001 7FFF			
#5 0000 0000	TRAP-Handler	4 Bytes	RESUME 1
#6 0000 0000	Dynamischer TRAP-Handler	16 Bytes	GET $0,rQ; PUT rQ,0 NEG $255,1; RESUME 1

Abbildung 8.4. Standard-Speicherbelegung des MMIX-Metasimulators. Maximal 4GGByte je Segment kann der Simulator zur Verfügung stellen

1	50	10	3
1	c	n	q

Abbildung 8.5. Struktur eines Page Table Pointer (PTP). Das erste bit muss stets 1 sein

8.5 Schnelle Adressumsetzung - Translation Lookaside Buffer

Damit die bei jedem Speicherzugriff erforderliche Adressumsetzung möglichst schnell abläuft, verfügen Prozessoren über spezielle caches, in denen sie die häufig benutzten PTE oder PTP speichern können. Diese Caches heißen *Translation Lookaside Buffer*, kurz TLB. Abbildung 8.7 zeigt einen typischen Translation Lookaside Buffer. Wie bei einem Cache wird ein Teil der Speicheradresse verwendet, um einen Eintrag zu finden. Bei MMIX sind das die Segmentnummer und die Seitennummer. Der TLB liefert dazu den Wert a, also den Startpunkt der Seite im physischen Speicher. Der Abstand der zu übersetzenden Adresse zum Anfang der Seite (Offset) muss nicht übersetzt werden. Er wird vorab aus der virtuellen Adresse extrahiert. Nach dem Übersetzungsvorgang wird der im TLB gefundene Eintrag um diesen Offset erweitert, womit die physische Adresse komplett ist.

Ein TLB muss allerdings auch andere Informationen speichern, nämlich die Adressraumnummer und die Zugriffsrechte auf die Seite.

Nur wenn ein PTE zur Umsetzung einer Adresse im TLB nicht vorgefunden wird, ist es erforderlich, vor dem eigentlichen Speicherzugriff PTP und PTE aus dem Speicher zu lesen. Dieser Vorgang kann entsprechend lange dauern.

❯ 8.5.1 Translation Lookaside Buffer bei MMIX

Der MMIX Meta-Simulator verfügt über zwei TLB: Je einen für Code und für Daten. Wie Caches so lassen sich auch Translation Lookaside Buffer konfigurieren. Allerdings lassen sie sich nicht vollständig abschalten. Mindestens einen Eintrag muss jeder TLB aufnehmen können. Ansonsten werden sie ebenfalls durch die Parameter Blockanzahl und Assoziativitätsgrad beschrieben sowie durch eine Ersetzungsstrategie.

❯ 8.5.2 Virtuelle Adressierung in der Praxis

Außer für den Embedded-Bereich werden alle Prozessoren mit Memory Management Unit ausgestattet. Teil der MMU ist ein Translation Lookaside Buffer. Auf Systeme ohne MMU lässt sich ein modernes Betriebssystem wie Linux oder Microsoft Windows nicht portieren.

Das Konzept, für den Eigentümer einer Seite Zugriffsrechte einzuführen, hat bei den Mainstream-Prozessoren erst im Jahr 2004 Einzug gehalten. Insbe-

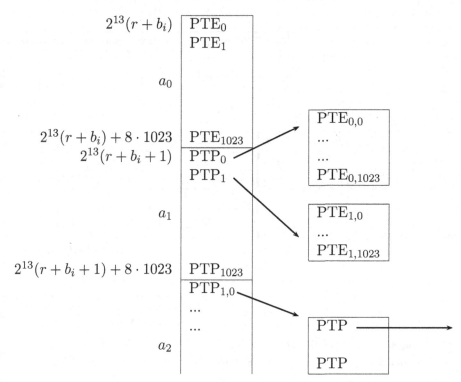

Abbildung 8.6. Organisation der Page Tables bei `MMIX`. Dabei bezeichnet b_i die Segmentnummer, und die Seitennummer zu einer Adresse A wird dargestellt im Zahlensystem zur Basis 1024: $\lfloor A/2^s \rfloor = (a_4, a_3, a_2, a_1, a_0)_{1024}$. Die Einträge werden teilweise mehrfach indirekt adressiert (hier nur bis zur zweifachen Indirektion gezeichnet, d.h. bis zu a_2)

sondere, um Sicherheitslücken zu verhindern, wird das Ausführen von Code von bestimmten Speicherbereichen unterbunden. Angreifer versuchen häufig, schädlichen Code einzuschleusen und zur Ausführung zu bringen (so genannte *Exploits*). Häufig gelingt es, Code einzuschleusen in Speicherbereiche, in denen Daten gespeichert sind, oder ein Stack angelegt ist. Wenn nun aber die Rechte fehlen, diesen Code ausführen zu können, so kann dieser Angriff abgewehrt werden.

Unter dem Namen *No Execute* (NX) hat AMD in den Athlon 64 ein solches Merkmal eingebaut [38].

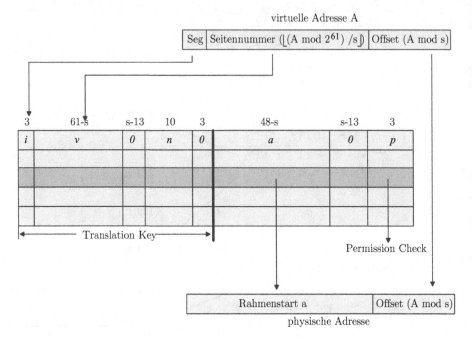

Abbildung 8.7. Ein Translation Lookaside Buffer ist wie ein Cache aufgebaut. Zu einer Segment- und Seitennummer kann er den Startpunkt der Seite im physischen Speicher liefern

Ein Microsoft Windows XP Betriebssystem reserviert die Hälfte des verfügbaren Adressraums für sich selbst. Geräte wie Grafikkarten werden über Memory-Mapped I/O in den Speicherbereich eingeblendet. Dadurch lässt sich bei einem 32-Bit-Prozessor nicht der komplette Speicherbereich von vier Gigabyte für Anwendungen nutzen, selbst wenn der Speicher voll ausgebaut ist.

Kapitel 9

**Moderne Techniken zur
Parallelverarbeitung**

9

9

9 Moderne Techniken zur Parallelverarbeitung

Bereits in den einleitenden Bemerkungen in Abschnitt 1.2 zu technologischen Randbedingungen haben wir gesehen, dass eine Steigerung der Taktfrequenz die Leistungsaufnahme und dadurch die Verlustleistung der Prozessoren erhöht. Es wird zunehmend schwieriger, moderne Prozessoren mit ihren Taktfrequenzen von mehreren GHz zu kühlen. Wir haben auch gesehen, dass der Schlüssel zur Leistungssteigerung bei Computern in der Parallelverarbeitung liegt. Durch Pipelining und superskalare Befehlsausführung wird Parallelverarbeitung auf Befehlsebene realisiert. Dadurch konnte etwa zwanzig Jahre lang die Leistung von Prozessoren kontinuierlich gesteigert und optimiert werden. Diese Techniken erlauben es allerdings nur, einen einzelnen Befehsstrom auszuführen, also Befehle eines einzelnen Prozesses bzw. Threads.

Daneben wurden Konzepte entwickelt, die es erlauben, zwei Prozesse parallel auszuführen. Dazu kann man Prozessoren koppeln oder innerhalb eines Prozessors Möglichkeiten zur parallelen Bearbeitung mehrerer Prozesse schaffen. In diesem Kapitel besprechen wir solche Techniken.

9.1 Prozessorkopplung (Mehrprozessorsysteme)

Wir beginnen mit der Kopplung mehrerer Prozessoren, die über einen gemeinsamen Bus auf einen gemeinsamen Hauptspeicher zugreifen. Man spricht von *symmetrischem Multiprocessing*, kurz SMP. Diese Situation ist in Abbildung 9.1 dargestellt.

Eines der Hauptprobleme dabei ist, dass die Prozessoren jeweils einen eigenen Cache besitzen, der für alle anderen Prozessoren nicht einsehbar ist. Es muss sichergestellt werden, dass jeder Prozessor, der auf Daten aus dem Speicher zugreift, immer die aktuellen Daten bekommt, auch wenn sich diese nur im Cache eines anderen Prozessors befinden und noch nicht in den Hauptspeicher zurückgeschrieben wurden.

9.2 Das MESI-Protokoll

Eine Möglichkeit, für diese so genannte *Cachekohärenz* zu sorgen, ist das *MESI-Protokoll* [33]. Dieses Protokoll ist nach den vier Zuständen benannt, die es für jede Speicheradresse verwaltet (Aneinanderreihung der ersten Buchstaben der Zustandsnamen):

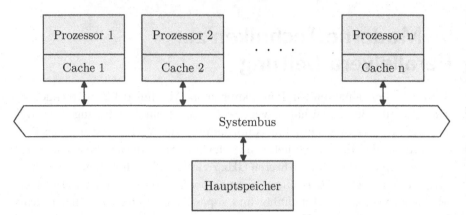

Abbildung 9.1. Symmetrisches Multiprocessing: n Prozessoren mit jeweils eigenem Cache greifen über einen Systembus auf einen gemeinsamen Speicher zu

— **M**odified: Der Speichereintrag zur Adresse befindet sich exklusiv im eigenen Cache, wurde aber überschrieben (ist dirty) und ist im Hauptspeicher nicht aktuell.
— **E**xclusive: Der Speichereintrag zur Adresse befindet sich exklusiv und unverändert im eigenen Cache und im Hauptspeicher.
— **S**hared: Der Speichereintrag zur Adresse befindet sich im eigenen und auch in einem anderen Cache und ist überall aktuell.
— **I**nvalid: Der Speichereintrag zur Adresse ist ungültig oder gar nicht im Cache vorhanden. Dieser Zustand muss natürlich nicht explizit für jede Speicheradresse gespeichert werden. Gar nicht im Cache vorhandene Daten sind stets implizit Invalid.

Zwischen diesen Zuständen gibt es eine Reihe von möglichen Übergängen. Welche Übergänge wann stattfinden hängt von der Cache-Strategie ab (Write-Through oder Write-Back) sowie davon, ob es sich um einen Write-Allocate oder einen Write-Around Cache handelt.   Für einen Write-Around Cache mit Write-Through Strategie ist das Zustandsübergangsdiagramm der Abbildung 9.2 zu entnehmen.

In dem Zustandsübergangsdiagramm müssten prinzipiell von jedem Zustand ausgehend jeweils acht Möglichkeiten unterschieden werden. Der betrachtete Prozessor sowie ein Partner müssen jeweils auf einen Read oder Write Miss bzw. einen Read oder Write Hit reagieren können. Allerdings kann der betrachtete Prozessor in den Zuständen M, E und S keinen Miss erreichen und im Zustand I keinen Hit. Weiter kann in den Zuständen E und M der Partner keinen Hit erreichen.

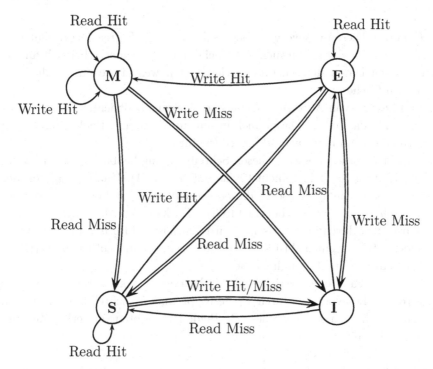

Abbildung 9.2. Zustandsübergangsdiagramm des MESI-Protokolls für einen Write-Around Cache mit Write-Through . Doppelpfeile geben die Zustandsübergänge an, die durch einen Partnerprozessor initiiert werden. Der Übergang von Modified nach Shared wird beispielsweise durch den Lesezugriff eines Partners (bei dem dort ein Read Miss auftritt) veranlasst. Die vielen möglichen Zustandsübergänge von Invalid nach Invalid sind nicht angegeben. Ausgehend von Invalid ist der Folgezustand bei einem Read Miss davon abhängig, ob ein Partner meldet, dass er die Daten in seinem Cache hat oder nicht

Jeder Prozessor muss alle Speicherzugriffe auf den gemeinsamen Bus verfolgen, auch die des anderen Prozessors. Man nennt das *snooping* (schnüffeln). Über eigens dafür vorgesehene Signalleitungen auf dem Bus kann anderen Prozessoren ggf. mitgeteilt werden, dass die Daten im eigenen Cache vorhanden sind. Falls die Daten im eigenen Cache verändert („dirty") sind, so wird die entsprechende Cache Line zurückgeschrieben und der Speicherzugriff des anderen Prozessors solange unterbrochen.

Betrachten wir als Beispiel die Zustandsübergänge beim Zugriff zweier Prozessoren P_1 und P_2 auf eine Speicheradresse a. Keiner der Prozessoren habe anfangs den Wert von Adresse a im Cache. Beide vermerken Zustand Invalid (I) für Adresse a. Dieser Zustand wird selbstverständlich nicht gespeichert; er gilt implizit für alle nicht im Cache vorhandenen Daten.

1. P_1 liest a. Diesen Lesevorgang beobachtet (snoop) P_2, reagiert darauf aber nicht, weil er die Daten nicht im Cache hat. P_1 vermerkt bei sich für die gelesenen Daten den Zustand Exclusive (E), weil er sie nun exklusiv in seinem Cache hat.

2. Nun liest P_2 von Adresse a. Diesen Lesevorgang beobachtet P_1 und informiert P_2, dass er die Daten auch in seinem Cache hat. Beide Prozessoren vermerken nun den Zustand Shared (S) für a.

3. P_1 schreibt an Adresse a. Diesen Schreibvorgang beobachtet P_2. Er setzt den Eintrag für a in seinem Cache auf Invalid (I). Unabhängig von der Cache-Strategie muss also P_1 diesen Schreibvorgang auf dem Bus kommunizieren, auch wenn er – bei einem Write-Back Cache – den Schreibvorgang selbst nicht durchführt. Er selbst wird den Zustand für a auf Modified (M) ändern, falls er einen Write-Back Cache besitzt – und auf Exclusive (E) im Falle eines Write-Through Cache.

4. Wenn im Falle eines Write-Back Cache nun P_2 von Adresse a liest, so wird der Lesevorgang durch P_1 gestoppt und P_1 schreibt die Daten in den Speicher. Erst danach liest P_2. Beide Prozessoren vermerken Zustand Shared (S) für a.

9.2.1   **Übung 9.2.1**

1. Warum gibt es in dem Zustandsübergangsdiagramm für das MESI-Protokoll in Abbildung 9.2 keinen Übergang von Shared nach Modified?

2. Was müsste an dem Diagramm geändert werden, wenn ein Write-Allocate Cache betrachtet würde?

9.3

9.3 Simultaneous Multithreading

Simultaneous Multithreading ist eine Technik, bei der mit relativ geringem Hardware-Aufwand mehrere logische Prozessorkerne in einem Prozessor untergebracht werden. Es handelt sich dabei nicht um mehrere vollständige Prozessorkerne (siehe dazu den folgenden Abschnitt). Die Idee ist vielmehr, lediglich den Registersatz und einen Teil der Steuerlogik aufzudoppeln und so dem Betriebssystem zwei Kerne vorzuspielen. Man hofft, dadurch immer einen der logischen Kerne aktiv halten zu können, wenn ein Befehl eines anderen gerade durch einen Speicherzugriff aufgehalten wird. Intel bezeichnet diese Technik als *Hyper-Threading* [23]. Die Caches werden von den logischen Kernen gemeinsam genutzt.

Dadurch, dass der Hardware-Aufwand gering ist – nur wenige Prozent mehr Transistoren (Intel spricht sogar nur von etwa einem Prozent) – ist diese

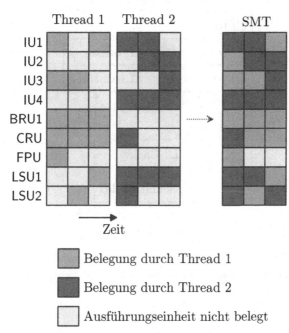

Abbildung 9.3. Die Belegung von Ausführungseinheiten durch zwei verschiedene Threads, über drei Taktschritte hinweg. Beim Übergang zu Simultaneous Multithreading können Befehle weiterhin ablaufen, wenn auch nicht immer auf der gleichen Ausführungseinheit. Ein Befehl von Thread 1 (der auf der CRU) wird im Beispiel verzögert und es können dennoch nicht alle Ausführungseinheiten ständig ausgelastet werden

Technik wesentlich einfacher und billiger zu realisieren als ein Mehrprozessorsystem. Denn es ist ja nur ein Chip mit Strom zu versorgen und zu kühlen. Experimente mit dem MMIX-Meta-Simulator und die Aktivitätsdiagramme der vorangegangenen Kapitel zeigen, dass sehr häufig Ausführungseinheiten brach liegen. Die gerade ungenutzten Ausführungseinheiten sollen von anderen Threads genutzt werden können. Abbildung 9.3 zeigt beispielhaft die Entwicklung für einen Prozessor mit neun Ausführungseinheiten, wenn zwei Threads mittels SMT gemeinsam ausgeführt werden. Der einzelne Thread wird dadurch zwar nicht schneller ausgeführt, aber der Durchsatz steigt, weil mehr Befehle pro Takt ausgeführt werden können.

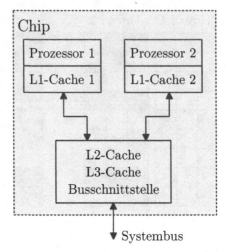

Abbildung 9.4. Dual-Core Prozessor: Auf einem Chip sind zwei Kerne mit jeweils eigenem L1-Cache, aber einem gemeinsamen L2-Cache (und ggf. L3-Cache) sowie Busschnittstelle untergebracht

9.4 Mehrkern-Prozessoren

Die modernste Entwicklung der Prozessorindustrie sind die so genannten *Mehrkern-Prozessoren* (Multi-Core). Auf einem Chip werden dabei mehrere komplette CPUs einschließlich Caches untergebracht.

Wir haben im Abschnitt 7.1.5 gesehen, dass Zugriffe auf den Hauptspeicher sehr lange dauern können. Bei Mehrkern-Prozessoren stellt der Zugriff auf den gemeinsamen Hauptspeicher einen großen Flaschenhals dar. Beim Zugriff auf den Hauptspeicher können sich die Prozessoren gegenseitig ausbremsen. Deshalb müssen sie große eigene Caches bekommen. Diese müssen mit einem Cachekohärenz-Protokoll (wie etwa dem vorgestellten MESI-Protokoll) synchronisiert werden. Je nach Hersteller werden getrennte oder gemeinsame L2- oder L3-Caches eingebaut.

Für ein typisches Dual-Core-System ist dies in Abbildung 9.4 dargestellt.

Die vorangegangenen Kapitel, die sich mit Pipelining, superskalarer Befehlsausführung, Cache und virtueller Adressierung beschäftigt haben, beschreiben die Innereien jedes einzelnen Kerns und bedürfen somit keiner Erweiterung für Mehrkern-Prozessoren.

9.5 Abschließende Wertung

Der Trend geht im Augenblick absehbar zu Mehrkern-Architekturen. Es ist also in Zukunft weniger mit starken Steigerungen der Prozessortakte zu rechnen. Die wahrscheinlich weiterhin steigenden Transistorzahlen (siehe Mooresches Gesetz im Abschnitt 1.2) werden dazu verwendet, die Anzahl der Kerne auf einem Chip zu erhöhen. Jeder dieser Kerne wird Simultaneous Multithreading beherrschen.

Voraussetzung, um alle in diesem Kapitel genannten Techniken auch wirklich nutzen zu können, ist, dass das Betriebssystem auch mehrere Prozesse auf die parallelen Prozessoren bzw. Kerne verteilen kann.

Geschwindigkeitsvorteile stellen sich nur dort ein, wo tatsächlich mehrere Prozesse tatsächlich gleichzeitig Arbeit verrichten. Um dies zu erreichen müssen die Anwendungen so programmiert sein, dass sie mit mehreren Threads gleichzeitig arbeiten. Derzeit sind nur wenige Anwendungen multi-threaded. Das wird sich mit zunehmender Verbreitung von Mehrkern-Prozessoren ändern.

Profitieren können auch mehrere gleichzeitig laufende Anwendungen, die nennenswerte CPU-Leistung benötigen. Als Beispiel wird hier oft der Einsatz von Firewalls und Virenscannern angeführt, die ihre Arbeit permanent im Hintergund leisten müssen.

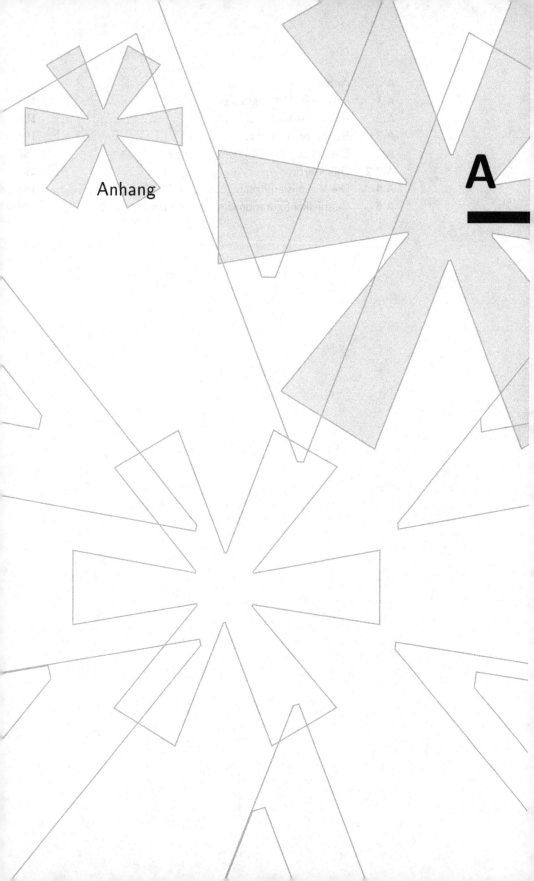

Anhang

A

A   **Anhang**

A

A

A.1 Lösung der Übungsaufgaben

Lösung 1.2.1
Eine kleine Herdplatte hat eine Leistungsaufnahme won etwa 650 Watt und einen Durchmesser von 15 cm. Sie erzeugt damit $650/(7,5^2 \cdot \pi) \approx 3,7$ Watt Abwärme pro Quadratzentimeter und der Prozessor demgegenüber knapp $60\ \mathrm{W/cm^2}$. Der Prozessor wäre also zum Kaffeekochen durchaus geeignet.

Lösung 1.3.1
1. GETA $0,@
2. Bei MMIX gibt es keinen separaten Stackpointer, aber ein Register, das den Status arithmetischer Operationen anzeigt: rA.

Lösung 1.3.2
Diese Adressierungsarten lassen sich wie folgt nachbilden:
1. Es wird exemplarisch absolut von Adresse #0123456789ABCDEF geladen:

```
1              LOC     #100
2 A            IS      #0123456789ABCDEF
3 Main         SETH    $255,A≫48
4              ORMH    $255,(A≫32)&#FFFF
5              ORML    $255,(A≫16)&#FFFF
6              ORL     $255,A&#FFFF
7              LDO     $1,$255
```

2. Indiziert Speicher-relative Adressierung:

```
1              LOC     Data_Segment
2 Data         OCTA    1,2,3,4,5     Vektor mit fünf Elementen
3 Address      OCTA    Data
4
5              LOC     #100
6 Main         LDA     $0,Address    Hier weitere Adressrechnung erforderlich!
7              LDO     $0,$0
8              SET     $1,8
9              LDO     $2,$0,$1
```

Lösung 1.3.3
RISC-Befehlssätze weisen gegenüber CISC-Befehlssätzen folgende Eigenschaften auf:

— Sie verfügen nur über wenige Adressierungsarten.
— Sie weisen eine feste Befehlslänge und ein festes Befehlsformat auf. Alle Befehle beginnen an Wortgrenzen des Speichers.
— Sie sind gemäß der LOAD/STORE-Architektur gebaut: Es gibt nur zwei Befehlsarten, die die Speicherzugriffe durchführen (lade Register vom Speicher/schreibe Register in Speicher)
— Große Registersätze, teilweise mit speziellen Zugriffstechniken zur Reduzierung von Speicherzugriffen.
— Enge Kopplung zwischen Prozessor und Compiler: Komplexe Aufgaben werden durch optimierende Compiler auf eine Folge von Elementarbefehlen abgebildet.

Lösung 1.3.4
Die nicht-unterbrechbaren Befehle. Bei MMIX führt der CSWAP-Befehl unter Umständen sogar zwei Speicherzugriffe und einen Vergleich durch.

Lösung 1.3.5
Hier muss beachtet werden, dass der linke Operand jeder Operation zuerst auf den Stack zu legen ist. Der Stack muss nur noch für lediglich zwei Einträge Platz bieten.

```
PUSH A
PUSH B
SUB
PUSH C
MUL
POP D
```

Lösung 2.2.1
Die Werte ergeben sich zu:

Programm	Referenzzeit r_i	Gemessene Zeit b_i	Verhältnis
Programm A	1	10	10
Programm B	500	100	0,2

Das geometrische Mittel beträgt in diesem Fall $\sqrt{10 \cdot 0,2} \approx 1,4$ und das arithmetische Mittel $(10 + 0,2)/2 = 5,1$. Das arithemtische Mittel sagt also aus, dass das gemessene System etwa fünf Mal so schnell ist wie das Referenzsystem. Das geometrische Mittel besagt, dass das gemessene System nur etwa 1,4 Mal so schnell ist wie das Referenzsystem. Falls das andere System das Referenzsystem wäre, müssten die Aussagen „0,2 Mal so schnell" (im Fall des arithmetischen Mittels) bzw. „0,7 Mal so schnell" (für das geometrische Mittel) lauten. Konkret ergeben sich folgende Werte:

Programm	Referenzzeit r_i	Gemessene Zeit b_i	Verhältnis
Programm A	10	1	0,1
Programm B	100	500	5

Hier ist das arithemtische Mittel aber 2,55 und nur das geometrische Mittel wie erwartet 0,7. Das arithmetische Mittel bescheinigt also jedem System, dass es schneller ist als das andere, vom Bezugssystem abhängig.

Lösung 2.3.1
Die gesamte Ausführungszeit besteht aus einem Teil für Ein-/Ausgabe und einem Anteil für die eigentliche Arbeit. Es gilt für die Ausführungszeit vor der Änderung: $T_{alt} = T_{Ein-/Ausgabe} + \cdot T_{Arbeit} = (0,6 \cdot T_{alt} + 0,4 \cdot T_{alt})$. Die Beschleunigung wirkt sich nicht in dem Teil aus, in dem der Prozessor auf Ein-/Ausgabe wartet. Also gilt:

$$T_{neu} = \frac{T_{alt}}{(0,6 \cdot T_{alt} + 0,4 \cdot \frac{1}{10} \cdot T_{alt})} = \frac{1}{0,6 + 0,04} = 1,56.$$

Lösung 3.1.1
1. Alle Befehle, die nicht auf den Speicher zugreifen.
2. Schreibender Speicherzugriff ohne Vorzeichenbeachtung (STBU, STOU etc.), da hier auch das Spezialregister rA nie beschrieben wird. Ferner natürlich der Befehl SWYM.
3. Wir erhalten ohne Pipelining folgende Gesamtausführungszeiten [28]:
   - Speicherzugriff mit W-Phase: $\Delta t \cdot (2 + 1 + 2 + 2 + 1) = 8\Delta t$
   - Speicherzugriff ohne W-Phase: $\Delta t \cdot (2 + 1 + 2 + 2 + 0) = 7\Delta t$
   - Arithmetische Befehle: $\Delta t \cdot (2 + 1 + 2 + 0 + 1) = 6\Delta t$
   - Sprungbefehle: $\Delta t \cdot (2 + 1 + 2 + 0 + 0) = 5\Delta t$

Damit ergibt sich eine mittlere Ausführungszeit pro Befehl von $\Delta t \cdot (0, 2 \cdot 8 + 0, 2 \cdot 7 + 0, 4 \cdot 6 + 0, 2 \cdot 5) = 6, 4\Delta t$. Ohne Pipelining ergibt sich ein Abstand zwischen der Fertigstellung zweier Befehle von $2\Delta t$, also eine Beschleunigung von $6, 4/2 = 3, 2$. In der Praxis wird sich diese Beschleunigung allerdings nicht erreichen lassen.

Lösung 3.2.1

Aus Platzgründen geben wir hier nur die Namen der Befehle an:

	Takt 1	Takt 2	Takt 3	Takt 4	Takt 5	Takt 6	Takt 7	Takt 8
Fetch	SETH	FMUL	FADD	SET	...	...	...	...
Decode		SETH	FMUL	FADD	FADD	FADD	FADD	SET
Execute			SETH	FMUL	FMUL	FMUL	FMUL	FADD
Memory				SETH				FMUL
Write Back					SETH			

Lösung 4.1.1

1. Angenommen, der Befehl FADD p,p,plow aus Zeile 23 wird vorangehend ausgeführt:

	1	2	3	4	5	6	7	8	9	
FADD p,p,plow	F	D	X	X	X	X	M	W		U V
FADD q,q,qlow		F	D				X	X	X	U
SET xk,0		F	D				X	X	X	V
SET yk,0			F				D			U
SET k,0			F				D			V
INCL k,1							F			U
...							F			V

2. Annahme: Befehle aus Zeilen 23 und 24 werden gleichzeitig ausgeführt:

	1	2	3	4	5	6	7	8	9	
FADD p,p,plow	F	D	X	X	X	X	M	W		U
FADD q,q,qlow	F	D	X	X	X	X	M	W		V
SET xk,0		F	D				X	M	W	V
SET yk,0		F	D				X	M	W	U

Lösung 4.4.1

Hier ist zu beachten, dass fertig bearbeitete Instruktionen ihre Ausführungseinheit verlassen. Im Takt t_4 etwa ergibt sich folgendes Bild (Register nicht
mehr mit eingezeichnet):

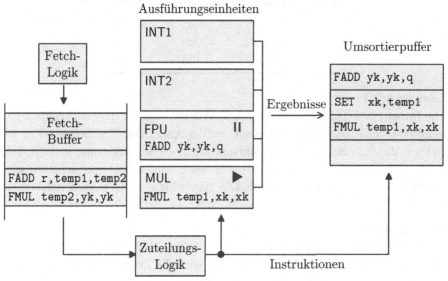

Lösung 5.1.1

Es ergeben sich folgende Werte:

Konfiguration	Durchsatzzeit	Latenzzeit
sadd 10	10	10
sh 1 1 1	3	1
sh 1 2 3	6	3
div 1 6 3 2 3	15	6

Man beachte, dass die Latenzzeit die minimale Durchlaufzeit eines einzelnen
Befehls durch eine Pipeline bezeichnet. Wenn die Pipelines in den gegebenen Konfigurationen kontinuierlich beschickt werden, ergeben sich maximale
Durchlaufzeiten von 9 im Falle der Konfiguration „sh 1 2 3" sowie von 21
für div 1 6 3 2 3.

Lösung 6.1.1

Es ergeben sich folgende Werte:

Zeile	Optimaler Sprungbefehl	Wie oft ausgeführt?	Wie oft Taken?
5	BZ	90	30
8	PBP	90	60
10	PBP	30	29

Lösung 6.2.1

Die Dauer eines Taktes sei t Sekunden. Wir nehmen an, dass n Befehle ausgeführt werden. Die Ausführungszeit vor der Änderung, T_{alt} beträgt $T_{alt} = n(1 + 0,25 \cdot 0,2 \cdot 20) \cdot t$. Die Ausführungszeit nach der Änderung beträgt dagegen $T_{neu} = n(1 + 0,25 \cdot 0,2 \cdot 30) \cdot t/2$. nach Amdahls Gesetz erhalten wir für die Beschleunigung $B = 0,625$. Die Werte für n und t kürzen sich dabei heraus.[1]

Lösung 6.3.1

Die Indizes sind im Fall $a = 3$: 2, 6, 2, 5, 6, 3, 0, 6, 2, 4 und im Fall $a = 4$: 10, 14, 2, 5, 14, 3, 8, 6, 10, 12. Für $a = 5$ wird die Zuordnung eindeutig; die Indizes sind in diesem Fall: 26, 30, 2, 5, 14, 19, 24, 6, 10, 12.

Lösung 6.3.2

Je länger die Folgen sind, in denen eine Verzweigung ihr Verhalten nicht ändert, desto besser arbeitet der Ein-Bit-Prädiktor, wohingegen die statische Vorhersage fast immer verkehrt sein kann, wenn das TDTB falsch gesetzt ist. Ein konkretes Beispiel liefert Programm simple.mms mit einem Wert für YesNo von #7FFF FFFF FFFF FFFF. Die statische Vorhersage liefert hier eine Trefferrate von 1/64 und der Ein-Bit-Prädiktor eine Trefferrate von 62/64.

Lösung 6.3.3

1. Das Diagramm entsteht aus Abbildung 6.3 durch Vertauschen der N und T.
2. 50%.
3. Für das Sprungmuster TNTNTNTNTN... muss der Wert #5555 5555 55 55 5555 in Register YesNo eingetragen werden.
4. Manche Elemente stehen bereits richtig, sodass die Schleife sofort wieder abbricht und sich Sprungmuster etwa von TTTTNTTTNTTTNNTTT ergeben. Dabei tritt gelegentlich eine zusätzliche falsche Vorhersage auf.

---

[1]Die Überlegung, dass nur bei 5% der Befehle eine Verschlechterung eintritt, dass also $T_{neu} = n(0,95 \cdot 0,5 + 0,05 \cdot 0,75) \cdot t$ sein könnte, ist falsch, weil dabei nicht die Laufzeit berücksichtigt wird. Vorher sind 5% der Befehle für 50% der Laufzeit verantwortlich.

5. Es ergeben sich folgende Werte:

Wert Prädiktor	Verhalten Sprungbefehl	Vorhersage korrekt?
0	Taken	nein
-1	Not Taken	nein
0	Not Taken	ja
1	Taken	nein
0	Taken	nein
-1	Taken	ja
-2	Taken	ja
-2	Not Taken	nein
-1	Taken	ja

Lösung 7.1.1

Wenn die Zeilen- und Spaltenadressen maximal 14 Bit besitzen, kann ein Speicherfeld maximal $2^{14} \cdot 2^{14} = 2^{28}$ Bit speichern.

Lösung 7.1.2

Ein 512 MMByte-Modul kann wie folgt aufgebaut werden:
— 8 Chips zu 512 MMBit (64 MM×8) in einer Reihe
— 8 Chips zu 256 MMBit (32 MM×8) in einer Reihe
— 16 Chips zu 256 MMBit (64 MM×4) in einer Reihe

Lösung 7.1.3

Kapazität	Organisation	Bänke	Mapping (r, c)	Page Länge
128 MMBit	32 MM×4	4	(12,11)	2^{11} =2 KKBit
256 MMBit	16 MM×16	4	(13,9)	2^9 =512Bit
256 MMBit	32 MM×8	4	(13,10)	2^{10} =1 KKBit
256 MMBit	64 MM×4	4	(13,11)	2^{11} =2 KKBit
512 MMBit	64 MM×8	4	(13,11)	2^{11} =2 KKBit
512 MMBit	128 MM×4	4	(13,12)	2^{12} =4 KKBit

Lösung 7.1.4

In der idealisierten Vorgabe der Aufgabenstellung wird nach einer Wartezeit von vier Takten ein Burst von acht Werten ausgelesen. Danach folgt wieder eine Wartezeit von vier Takten usw. Vor dem Umbau vergehen zum Lesen eines Bursts also $4 + 8 = 12$ Takte. Durch den Umbau bleibt die Wartezeit unverändert, aber das Auslesen des Bursts geht doppelt so schnell. Der gesamte Vorgang dauert nur noch $4 + 4 = 8$ Takte. Also ist die Beschleunigung $12/8 = 1,5$. Die Beschleunigung durch DDR-Speicher wirkt sich also nur beim Datentransfer aus, nicht beim Zugriff auf die Speicherfelder.

Lösung 7.2.1

Selbst-modifizierende Programme müssten Store-Befehle benutzen, um neue oder veränderte Befehle in den Speicher zu schreiben. Diese neuen oder veränderten Befehle würden über den Schreibpuffer und den First-Level Cache für Daten in den Second-Level Cache und den Hauptspeicher zurückgeschrieben. Wann dieses Zurückschreiben jedoch erfolgt, lässt sich nicht voraussagen. Der Befehls-Cache wird andererseits aber nur aus dem Hauptspeicher oder dem Second-Level Cache gefüllt. Beim Lesen von Instruktionen müsste daher auch auf den Write Buffer sowie auf den kompletten Daten-Cache Rücksicht genommen werden. Das Herstellen dieser Datenkohärenz zwischen den Caches und dem Schreibpuffer wäre sehr aufwändig. Sie wird von den meisten Prozessoren nicht gewährleistet [37].

MMIX verfügt über spezielle Befehle SYNCID (synchronize instructions and data) und SYNCD (synchronize data), mit denen sich erzwingen lässt, dass Speicherbereiche aus den Caches in den Hauptspeicher geschrieben werden. SYNCID sorgt auch dafür, dass Daten- und Instruktionscaches dieselben Werte enthalten. Damit lassen sich bei MMIX selbst-modifizierende Programme schreiben.

Lösung 7.2.2

1. Die Anzahl der Sets sowie die jeweils erforderliche Anzahl an Bits für Tag, Index und Offset sind:

	Anzahl Sets	Assoziativitäts- grad	erforderliche Bits		
			Tag	Index	Offset
Direct Mapped	2^{10}	1	16	10	6
Voll assoziativ	1	2^{10}	26	0	6
4-Wege assoziativ	2^8 $(2^{10}/4)$	4	18	8	6
8-Wege assoziativ	2^7 $(2^{10}/8)$	8	19	7	6

2. Die Set in welche die Daten bei der jeweiligen Organisationsform eingetragen werden, sind:

	direkt abbildend	voll assoziativ	4-Wege assoziativ	8-Wege
#0010 BABE	#2EA	#0	#EA	#6A
#0010 BABF	#2EA	#0	#EA	#6A
#0010 BAC0	#2EB	#0	#EB	#6B
#0010 BABF	#2EA	#0	#EA	#6A

Lösung 7.2.3

Bei Assoziativität zwei ($m = 2$ d.h. $a = 1$); und genau genommen auch bei Assoziativität eins, also bei direkt abbildendem Cache.

Lösung 7.2.4

Es ergeben sich folgende Werte:

Belegung der LRU-Bits	Verdrängung von	Folgebelegung der LRU-Bits
$(1, 0, 0, 1, 0, 1, 1)$	Block 3	$(0, 1, 0, 1, 1, 1, 1)$
$(1, 0, 1, 0, 0, 0, 0)$	Block 3	$(0, 1, 1, 0, 1, 0, 0)$
$(0, 1, 0, 1, 1, 1, 1)$	Block 6	$(1, 1, 1, 1, 1, 1, 0)$
$(1, 0, 0, 1, 1, 1, 1)$	Block 2	$(0, 1, 0, 1, 0, 1, 1)$
$(1, 1, 1, 1, 1, 1, 1)$	Block 0	$(0, 0, 1, 0, 1, 1, 1)$
$(0, 1, 1, 0, 1, 0, 0)$	Block 5	$(1, 1, 0, 0, 1, 1, 0)$

Lösung 8.1.1

Die Division $A/2^{61}$ kann durch einen (vorzeichenlosen) Rechtsshift der Dualdarstellung der Adresse um 61 Stellen realisiert werden. Die Modulo-Operation ($A \bmod 2^{61}$) blendet die höchstwertigen drei Bits der Adresse aus, und die anschließende Division durch 2^s kann wiederum durch einen Rechtsshift um s Stellen realisiert werden.

Lösung 8.2.1

Beide PTE gehören zum Adressraum 0. Der erste PTE gibt als Seitenadresse den Wert $0 \cdot 2^{32} = 0$ an mit allen Zugriffsrechten (Read, Write und Execute). Der zweite PTE gibt als Seitenadresse den Wert $1 \cdot 2^{32}$ (entsprechend 4GG-Byte) an und erlaubt lediglich das Lesen und Schreiben auf die Seite. Die Werte für x und y sind in beiden Fällen 0.

Lösung 8.4.1

Die zur Adresse #3000 0000 0000 0000 gehörende Seitennummer ist #1000 0000= 2^{28} im Segment 1. Zur Basis 1024 umgerechnet: $(2^8, 0, 0)_{1024}$. Die Root Tables für das Datensegment beginnen bei Adresse #4 0000 6000 (siehe Abbildung 8.4). Dazu müssen wir $8 \cdot (2 \cdot 1024 + 2^8)$ addieren, um zum ersten PTP zu gelangen. Wohin dieser PTP mit seinem c-Feld verweist, kann ein Betriebssystem beliebig festlegen. Angenommen, es wäre Adresse #4 0001 8000, dann müsste sofort an dieser Adresse ($a_1 = 0$) ein weiterer PTP stehen, der die Adresse des Blocks mit dem gesuchten PTE enthält.

Lösung 9.2.1

1. Es wird ein Write-Through Cache betrachtet. Bei einem Write-Back Cache würde der Übergang von Shared nach Modified im Falle eines Write Hit auftreten können – wobei die Partner den Eintrag ebenso invalidieren würden.
2. Es käme ein Zustandsübergang ausgehend von Invalid hinzu und zwar nach Exclusive bei einem Write-Through Cache und nach Modified bei einem Write-Through Cache.

A.2 MMIX-Essentials

MMIX spielt in diesem Buch eine große Rolle. Allerdings ist es für das Verständnis dieses Buches nicht erforderlich, eigene MMIX-Programme schreiben zu können. Dieser Abschnitt fasst die wichtigsten Eigenschaften zusammen, die notwendig sind, um die Beispiele dieses Buches verstehen zu können. Dieser Abschnitt enthält Querverweise auf Kapitel des Buches, wo Eigenheiten von MMIX unter Aspekten der Rechnerarchitektur erklärt werden. Zum besseren Verständnis sollen diese Querverweise herangezogen werden.

MMIX besitzt 256 allgemein verwendbare Register, die mit $0 bis $255 bezeichnet werden (oder abstrakt mit $X, $Y und $Z). Jedes dieser Register kann einen 64-Bit-Wert aufnehmen. Dabei wird nicht unterschieden, ob dieser Wert eine ganze Zahl, eine Gleitkommazahl oder eine Adresse repräsentiert. Neben den 256 allgemein verwendbaren Registern gibt es 32 Spezialregister mit wiederum 32-Bit-Breite, denen eine besondere Rolle bei einigen Befehlen zukommt. Die Spezialregister sind mit rA bis rZ bezeichnet[1]. Beispielsweise ist rA das Arithmetik-Status-Register. Überlauf, oder Division durch 0 wird in bestimmten Bits dieses Registers signalisiert.

Bei MMIX wird ein festes Befehlsformat eingesetzt. Jeder Befehl besteht aus 32 Bit (vier Byte). Die ersten 8 Bit werden verwendet, um den Befehl zu codieren (Opcode). Somit kennt MMIX 256 verschiedene Befehle. Die nächsten drei Bytes können wie folgt aufgebaut sein (siehe dazu Abbildung 1.7):

— Drei 8-Bit-Werte: zwei Operanden und Nummer des Zielregisters der Operation (ADD $0,$1,$2 oder ADD $0,$1,1).
— 24-Bit-Direktoperand, als Offset bei unbedingten Sprüngen (JMP).
— Eine Registernummer (acht Bit), gefolgt von einem 16-Bit-Direktoperanden (um z.B. einen Wert in ein Register zu schreiben: SET $0,wert, oder für bedingte Sprünge BZ $X,ziel – siehe unten).

Als RISC-Prozessor weist MMIX eine Register-Register-Architektur auf (siehe Abschnitt 1.3.4). Arithmetische und logische Befehle können nur Operanden aus Registern beziehen und schreiben ihre Ergebnisse stets in Register zurück. Für das Lesen aus dem Speicher oder das Schreiben in den Speicher gibt es eigene Befehle, die ihrerseits ausschließlich für den Speicherzugriff zuständig sind.

Die meisten Befehle sind gemäß folgendem Muster aufgebaut:

ADD $X,$Y,$Z

addiert die Werte aus den Registern $Y und $Z und schreibt das Ergebnis nach $X. Insbesondere gehorchen diesem Muster folgende Befehlsgruppen:

---

[1]Um auf 32 zu kommen gibt es noch einige mit doppeltem Buchstaben rXX, rYY etc.

— Befehle für ganzzahlige Operationen, deren Funktion sich aus dem Namen erschließt: ADD, SUB, MUL und DIV. Ferner SL (shift left) und SR (shift right). Bei diesen Befehlen kann der dritte Operand ein Direktoperand sein (ADD $X,$Y,$Z oder ADD $X,$Y,Z). All diese Befehle arbeiten mit vorzeichenbehafteten Werten. Von allen gibt es auch eine vorzeichenlose Variante. Dem Befehlsnamen wird dafür der Buchstabe U (für „unsigned") vorangestellt: ADDU, SRU etc. Diese Befehle signalisieren keine Überläufe.

— Der Befehl NEG $X,Y,$Z berechnet $X←Y−$Z. Es ist der einzige, bei dem der Direktoperand als zweiter Operand geschrieben wird. In der Kurzschreibweise NEG $X,$Z berechnet er das Zweikomplement von $Z.

— Befehle für bitweise logische Operationen AND, OR, XOR, NOR, NAND, ANDN, ORN und NXOR.

— Befehle für Vergleiche: CMP $X,$Y,$Z vergleicht die Werte in $Y und $Z und schreibt in $X den Wert 0, −1 oder 1 abhängig davon, ob $Y gleich, kleiner oder größer ist als $Z.

— Befehle für den Speicherzugriff: LDO $X,$Y,$Z lädt ein Octabyte aus dem Speicher von der effektiven Adresse $Y+$Z in das Register $X. Umgekehrt schreibt STO $X,$Y,$Z den Wert aus Register $X in den Speicher. Die Befehlspaare LDB/STB, LDW/STW und LDT/STT dienen dem Zugriff auf 1-, 2- und 4-Byte große Werte im Speicher. Speicherzugriff erfolgt immer ausgerichtet an durch 1, 2, 4 oder 8 teilbare Adressen.

— Befehle für Operationen mit 64-Bit-Gelitkommazahlen FADD, FSUB, FMUL, FDIV, FREM FSQRT und FCMP. Mit FLOT $X,$Z wird der ganzzahlige Wert aus $Z in einen Gleitkommawert gewandelt. Der umgekehrte Weg funktioniert mit FIX $X,$Z.

Mit dem Befehl GET $X,rn wird der Inhalt des angegebenen Spezialregisters in Register $X geschrieben und mit PUT rn,$X ein Wert in das Spezialregister übertragen.

MMIX kennt einen unbedingten Sprung JMP ziel, der zum angegebenen Ziel springt. Die Zieladresse wird im Befehlswort relativ zum aktuellen Programmzähler angegeben. Ferner gibt es bedingte Sprünge für unterschiedliche Bedingungen – jeweils auch in der Version „Probable Branch" (siehe Kapitel 6): BZ $X,ziel springt nur dann zur Zieladresse, wenn der Wert in Register $X 0 ist (Branch if Zero). Daneben gibt es die Befehle BP (positiv), BN (negativ), BEV (gerade), BOD (ungerade), BNN (nicht-negativ), BNP (nicht-positiv) und BNZ (nicht-Null).

Der Assembler mmixal kennt so genannte lokale Labels (Sprungmarken), die im Gegensatz zu anderen Labels wieder verwendet werden können. Die Sprungmarke wird durch 1H (1 Here) angegeben. Verzweigt wird allerdings

durch Angabe JMP 1B „springe rückwärts zum letzten 1H" (Back) bzw. JMP
1F „springe vorwärts zum nächsten 1H" (Forward).
Die Befehle PUSHJ und POP dienen dem Aufruf von Unterprogrammen. Der
Programmzähler-relativ adressierende Befehl PUSHJ $X,ziel bewirkt einen
Sprung nach ziel. Er nummeriert dabei die Register um: Alle Register von
$0 bis $X werden versteckt und sind nach dem Sprung nicht mehr zugreifbar.
Die versteckten Register werden bei Bedarf automatisch auf einen Stack im
Hauptspeicher ausgelagert. Andere Register werden umnummeriert: $X wird
im Unterprogramm zu $0, $(X+1) wird $1 usw. Diese Register dienen der
Übergabe von Parametern an das Unterprogramm. Die im Unterprogramm
verwendeten Register heißen *lokale Register*. Demgegenüber lassen sich Register beginnend mit $255 als globale Register kennzeichnen, die dann von
diesem Mechanismus nicht betroffen sind. Der Befehl dazu lautet:
label GREG wert
Maximal dürfen 224 Register global werden. Die im Unterprogramm nicht
verwendeten lokalen Register heißen *marginal*. Die Umnummerierung von
PUSHJ macht POP n,0 wieder rückgängig (Ausnahme: in $X) steht anschlie-
ßend ein undefinierter Wert. Zusätzlich werden noch die Inhalte der lokalen
Register gelöscht, mit Ausnahme der ersten n: $0 bis $(n-1). Diese dienen
der Rückgabe von Ergebnissen.
Der Assembler mmixal lässt die Definition von symbolischen Namen mit der
Pseudo-Anweisung IS, also etwa N IS 10 oder i IS $3 zu.

A.3 Beispielprogramme

Im diesem Anhang stellen wir die beiden Beispielprogramme zusammen, die
in den Kapiteln des Buches näher untersucht werden. Die Programme weisen jeweils charakteristische Merkmale auf, auf Grund derer sie für spezielle
Untersuchungen in einzelnen Kapiteln besonders interessant sind.
Der Autor erhebt keinesfalls den Anspruch, dass diese Programme besonders
gut programmiert und auspotimiert sind. Aber als Beispiele haben sie sich
in Vorlesungen gut bewährt. Alle Programme müssen mit den Optionen -x
und -b 250 assembliert werden.
Diese Eigenschaften werden hier zunächst zusammengefasst.

	mandelbrot	quicksort
Instruktionen	65.305.549	10.216.071
Bedingte Sprungbefehle	11,5%	23,9%
Speicherzugriffe	0,1%	27,4%
Gleitkommabefehle	64,0%	0%
Sonstige Befehle	24,4%	48,7%

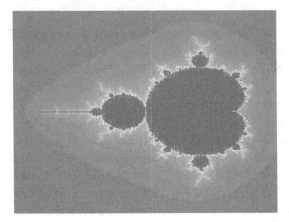

Abbildung A.1. Ausschnitt aus der Mandelbrotmenge (Apfelmännchen), generiert mit dem Programm `mandelbrot.mms`. Schwarz sind die Werte von c, für die $z_{k+1} = z_k^2 + c, z_0 = 0$ konvergiert

A.3.1 Darstellung der Mandelbrotmenge

Das folgende Programm erzeugt eine Bitmap-Datei, die einen Ausschnitt der so genannten Mandelbrotmenge darstellt [29] (auch unter dem Namen Apfelmännchen bekannt; siehe Abbildung A.1).

Für Punkte $c = p + iq$ der komplexen Ebene wird jeweils ausgehend vom komplexen Nullpunkt $z_0 = 0$ eine Folge $z_k = x_k + iy_k$ betrachtet, nach der Gleichung:

$$z_{k+1} = z_k^2 + c \qquad (2)$$

Die Folge der z_k konvergiert für unterschiedliche Werte von c entweder gegen 0 oder sie divergiert. Der Bereich der komplexen Ebene, in dem die Folge konvergiert, heißt Mandelbrot-Menge. Bei der grafischen Darstellung werden die Punkte der Mandelbrot-Menge schwarz gezeichnet und allen anderen Punkten wird eine Farbe zugeordnet, die umso heller ist, je langsamer die Folge divergiert. Numerisch bedeutet dies, dass für jedes betrachtete c iterativ solange Werte der Folge x_k berechnet werden, bis entweder $r = x_k^2 + y_k^2$ größer als eine gegebene Schranke M wird (im Beispiel 300) oder bis die Anzahl der Iterationen eine Schranke K übersteigen (im Beispiel 255). Falls die Anzahl der Iterationen K übersteigt, ohne dass $r > M$ gilt, so wird der Punkt c der Mandelbrot-Menge zugeschlagen.

Wir drucken hier lediglich den Kern des Programms ab. Weitere Angaben zur Definition der Datenstruktur für die Bitmap und das Schreiben der Bitmap auf Datei stehen in [1] oder können von der Webseite zum Buch heruntergeladen werden. Wir schreiben hier für jeden Punkt des Bildes lediglich den errechneten Farbwert an Speicherstelle Basis+(x*Breite)+y.

───────────────── mandelbrot.mms ─────────────────

```
 1          PREFIX  :Mandel:
 2          LOC     #100
 3 plow     GREG    #c002000000000000  -0,025
 4 pdelta   GREG    #3f83333333333333  0,009375=(0,75- (-2,25))/320
 5 qlow     GREG    #bff8000000000000  -1,5
 6 qdelta   GREG    #3f8999999999999a  0,0125=(1,5 - (-1,5))/240
 7 p        IS      $1
 8 q        IS      $2
 9 xk       IS      $3                 xk
10 yk       IS      $4                 yk
11 k        IS      $5                 Iteration k
12 r        IS      $6
13 bildx    IS      $7                 Gerätekoordinaten (integer)
14 bildy    IS      $8
15 test     IS      $9
16 temp1    IS      $10                Zwischenergebnisse
17 temp2    IS      $11
18
19 :Mandel  FLOT    p,bildx
20          FLOT    q,bildy
21          FMUL    p,p,pdelta
22          FMUL    q,q,qdelta
23          FADD    p,p,plow
24          FADD    q,q,qlow
25          SET     xk,0
26          SET     yk,0
27          SET     k,0
```

28 * Nächste Iteration: $x_{k+1} = x_k^2 - y_k^2 + p$

```
29 1H       INCL    k,1
30          FMUL    temp1,xk,xk        xk²
31          FMUL    temp2,yk,yk        yk²
32          FSUB    temp1,temp1,temp2
33          FADD    temp1,temp1,p      xk+1
```

34 * $y_{k+1} = 2x_k y_k + q$; Siehe hierzu die Anmerkung in Kapitel 4.3

```
35          FMUL    yk,xk,yk
36          SETH    xk,#4000           2,0 (Gleitkommawert!)
37          FMUL    yk,yk,xk           2 × yk
```

38	FADD	yk,yk,q	
39	SET	xk,temp1	xk kann überschrieben werden

40 $* \; r = x_{k+1}^2 + y_{k+1}^2$

41	FMUL	temp1,xk,xk	
42	FMUL	temp2,yk,yk	
43	FADD	r,temp1,temp2	
44	FCMP	test,r,:M	
45	BNP	test,2F	
46	LDA	temp1,:Bmp:data	Punkt in Farbe k setzen
47	SET	temp2,:WIDTH	
48	MUL	temp2,bildy,temp2	so viele Bytes bis y
49	ADD	temp2,temp2,bildx	
50	STBU	k,temp1,temp2	
51	JMP	4F	
52			
53 2H	CMP	test,k,:K	
54	BNZ	test,1B	noch eine Iteration

55 $*$ sonst: farbe schwarz, also nichts zu tun

56 4H	INCL	bildx,1	Loop zuende
57	SET	test,:WIDTH	
58	CMP	test,bildx,test	Zeilenende?
59	BNZ	test,:Mandel	nein
60	SET	bildx,0	ja: in nächste Zeile
61	INCL	bildy,1	
62	CMP	test,bildy,:HEIGHT	
63	PBNZ	test,:Mandel	
64	POP	0,0	Fertig!

❯ A.3.2 Quicksort

Quicksort gilt als das schnellste bekannte Sortierverfahren. Wir wollen einen Bereich (Array) von ganzen Zahlen sortieren, die als Octabytes gespeichert werden. Wir beginnen die Diskussion mit einem einfacheren Sortierverfahren, nämlich Insertion Sort. Dieses Verfahren ist lediglich geeignet, um sehr kleine Felder mit maximal zehn Elementen schnell zu sortieren. Wir werden es später als Teil im Quicksort-Verfahren einsetzen. Links von einer bestimmten Position seien alle Elemente sortiert. Diese Position ist anfangs die Position des zweiten Elements (Index 1). In jedem Durchlauf wird das nächste Element x in die Reihe der bereits sortierten Elemente eingefügt. Dazu wird von rechts beginnend die Position gesucht, an der das Element x einzufügen ist.

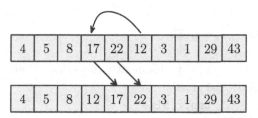

Abbildung A.2. Sortieren durch Einfügen. Der Bereich ist bis einschließlich der 22 (Position 5) bereits sortiert (oben). Die Zahl 12 ist als nächste einzusortieren. Dazu müssen 17 und 22 um eine Position weiter rücken (unten)

Sodann werden alle Elemente um eine Position nach rechts verschoben und x entsprechend eingefügt. Diesen Vorgang veranschaulicht Abbidung A.2. Hier ein MMIX-Programm, das den Algorithmus implementiert:

———————————————— insertionsort.mms ————————————————

```
1              PREFIX   :ISort:
2  * Parameter
3  A           IS       $0
4  size        IS       $1
5  * Lokale Register
6  i           IS       $2      Offset für einzufügende Elemente
7  j           IS       $3      Laufindex für das Einfügen
8  k           IS       $4
9  x           IS       $5
10 y           IS       $6
11 tmp         IS       $7
12
13 * Zuerst Positionierung auf zweites Element. Alle Elemente sind 8 Bytes groß.
14 * Daher werden die Indizes stets um Vielfache von 8 bewegt
15 :ISort  SET      i,8
16         JMP      1F
17
18 2H      LDO      x,A,i   nächstes einzufügendes Element
19         SET      j,i
20         JMP      3F
21 5H      STO      y,A,j   y rückt eine Position weiter vor
22         SET      j,k
23 3H      BNP      j,4F
24         SUBU     k,j,8
25         LDO      y,A,k
26         CMP      tmp,y,x
```

27		PBP	tmp,5B
28			
29 4H		STO	x,A,j Element x hat seinen Platz gefunden
30		ADDU	i,i,8
31 1H		CMP	tmp,i,size
32		PBN	tmp,2B
33		POP	0,0 Kein Return-Wert

Nun können wir uns dem Quicksort selbst zuwenden. Die Idee besteht darin, aus dem zu sortierenden Bereich einen so genannten Pivot-Wert pivot auszuwählen[2] und die Elemente zunächst so umzusortieren, dass links von pivot nur Werte stehen, die kleiner sind als dieser Wert, und rechts nur Werte, die größer sind. Die beiden Teilbereiche werden anschließend rekursiv nach dem gleichen Verfahren sortiert. Insgesamt besteht der Algorithmus aus folgenden Schritten [39]:

1. Wenn der zu sortierende Bereich weniger als cutoff Elemente enthält, so wird mit Insertion Sort sortiert. Ansonsten weiter mit Schritt 2. Der Wert für cutoff liegt typischerweise zwischen 4 und 20. Er kann in Zeile 25 eingestellt werden.

2. Wähle ein Pivot Element. Das Verfahren läuft um so besser, je besser das hier gewählte Element in der Mitte der zu sortierenden Zahlen liegt. Etwas günstiger als ein Element zufällig auszuwählen erweist es sich, das Erste, das letzte und das Element zu vergleichen, das in der Mitte des Bereichs steht. Das mittlere davon wird der Pivot (Zeilen 31-70).

3. Nun wird der Sortierbereich durch Vertauschen von Elementen so partitioniert, dass alle Elemente links vom Pivot-Element (also die mit kleineren Indizes) kleiner sind als dieses und alle rechts davon größer (Zeilen 72-87). Dazu wird mit zwei Indizes gearbeitet. Der erste, i, bewegt sich vom unteren Ende auf die Mitte zu und der zweite, j, vom oberen Ende her. Wird links ein Element gefunden, das nach rechts gehört, und rechts eines, das nach links muss, so werden die beiden vertauscht (Zeilen 83-87).

4. Jetzt wird dieses Verfahren für den linken und rechten Teilbereich jeweils rekursiv aufgerufen (Zeilen 92-99).

Für ein Beispiel siehe etwa [39].

—————————————— quicksort.mms ——————————————

1	PREFIX	:QSort:
2	* Parameter	

---

[2]Pivot bedeutet Drehachse, Drehpunkt, Drehzapfen oder Schwenkungspunkt.

```
 3 A           IS        $0
 4 size        IS        $1
 5 * Locale Register
 6 return      IS        $2
 7 i           IS        $3              linker Index
 8 * Nur VOR dem rekursiven Aufruf benötigen wir:
 9 j           IS        $4              rechter index
10 k           IS        $5
11 l           IS        $6              linkes Element
12 r           IS        $7              rechtes Element
13 pivot       IS        $8              Pivot-Element (Partitionierung)
14 tmp         IS        $9
15
16 * Einige lokale Register auch z. Abliefern von Return-Werten
17 retarg      IS        $4              für aktuelle Return-Adresse
18 arg         IS        $5              Argument: Bereichsanfang
19 sizearg     IS        $6              Argument: Bereichsgröße
20
21 * Kleine Bereiche werden mit Insertion Sort sortiert.
22 * Deren Größe kann hier eingestellt werden.
23 cutoff      IS        10*8
24
25 :QSort      CMP       tmp,size,cutoff
26             BN        tmp,:ISort      Also Insertion Sort
27
28 * Jetzt gehts endlich mit Quicksort los
29 4H          GET       return,:rJ      Return-Adresse sichern
30
31 * Pivot bestimmen
32 * Erstes, letztes und mittleres Element des Bereichs
33             SET       i,0
34             LDO       l,A,i
35             SUBU      j,size,8
36             LDO       r,A,j
37             SR        k,size,1        mittleres Element
38             LDO       pivot,A,k
39
40 * Erstes, letztes und mittleres Element sortieren...
41             CMP       tmp,l,r
42             PBNP      tmp,1F
43
```

```
44            XOR      l,l,r          tauschen von l und r
45            XOR      r,l,r
46            XOR      l,l,r
47
48 1H         CMP      tmp,l,pivot
49            BNP      tmp,1F
50
51            XOR      l,l,pivot      tauschen
52            XOR      pivot,l,pivot
53            XOR      l,l,pivot
54
55 1H         CMP      tmp,pivot,r
56            BNP      tmp,1F
57
58            XOR      r,r,pivot      tauschen
59            XOR      pivot,r,pivot
60            XOR      r,r,pivot
61
62 * .. und zurückschreiben
63 1H         STO      l,A,i
64            STO      r,A,j
65 * Pivot als vorletztes Element speichern
66            SUB      j,j,8
67            LDO      r,A,j
68            STO      r,A,k
69            SET      k,j
70            STO      pivot,A,k
71
72 * Partitionierung des Sortierbereichs
73 1H         ADDU     i,i,8
74            LDO      l,A,i
75            CMP      tmp,l,pivot
76            PBN      tmp,1B
77
78 2H         SUBU     j,j,8
79            LDO      r,A,j
80            CMP      tmp,r,pivot
81            PBP      tmp,2B
82
83            CMP      tmp,i,j
84            BNN      tmp,1F
```

85		STO	l,A,j	tauschen
86		STO	r,A,i	
87		JMP	1B	
88				
89	1H	STO	pivot,A,i	Pivot in die Mitte zurück
90		STO	l,A,k	
91				
92		SET	arg,A	
93		SET	sizearg,i	
94		PUSHJ	retarg,:QSort	erster rekursiver Aufruf
95				
96		ADDU	i,i,8	
97		LDA	A,A,i	
98		SUBU	size,size,i	
99		PUT	:rJ,return	
100		JMP	:QSort	zweiter (rekursiver) Aufruf

A.4   Die Visualisierungsumgebung für MMIX

Die Software, mit der alle MMIX-Aktivitätsdiagramme dieses Buches erstellt wurden, kann auch für eigene Experimente genutzt werden. Es ist dafür der Pipeline-Simulator von Donald E. Knuth erforderlich, der als Quellcode etwa unter http://www-cs-staff.stanford.edu/~knuth/mmix-news.html erhältlich ist. Übersetzte Versionen für verschiedene Betriebssysteme sind erhältlich bei www.mmix.de.

Die Visualisierung ist realisiert als Plugin für Eclipse, welches zunächst zu installieren ist. Eclipse ist frei verfügbar bei http://www.eclipse.org. Danach muss das Plugin installiert werden von http://mmix-plugin.sourceforge.net. Dieses Plugin stellt eine eigene Perspektive für die Visualisierung zur Verfügung.

A.5   Beispielkonfigurationsdatei für mmmix

Im folgenden wird eine Beispielkonfigurationsdatei für den Meta-Simulator mmmix angegeben, die den PowerPC 970 Prozessor möglichst gut simulieren soll. Leider lassen sich nicht alle Interna dieses Prozessors in Erfahrung bringen. Zwischen den Parametern sind, wo nötig, Kommentare angegeben. Viele der Informationen entstammen [18] sowie [31].

Ein wesentlicher Unterschied zwischen der internen Struktur des PowerPC 970 und dem Meta-Simulator besteht in der Anzahl der simulierten Pipelinestufen: Der PowerPC hat eine sehr lange Pipeline mit allein neun Stufen für Fetch und Decode. Auch der Dispatch beansprucht zwei Stufen. Simulationen werden also nie exakt sein. Dennoch steht hier ein halbwegs realistischer Datensatz zur Verfügung.

Der PowerPC 970 verfügt über 10 Ausführungseinheiten. Zwei davon sind SIMD-Units für Vektorbefehle. Diese gibt es bei MMIX nicht in der Form. Wir haben hier die MMIX-Vektorbefehle zugeordnet (BDIF, WDIF, TDIF, ODIF, MUX, SADD, MOR und MXOR).

```
unit IU1 000000ffffffffff00000000000000000000000000000000ff
ff00ffffff033c
unit IU2 000000f0ffffffff00000000000000000000000000000000ff
ff00ffffff033e
unit FPU1 7fffff00000000000000000000000000000000000000000000
00000000000000
unit FPU2 7fffff00000000000000000000000000000000000000000000
0000000000000
unit LSU1 00000000000000000000000000000000000ffffffcffffffffc000
0000000000000
unit LSU2 00000000000000000000000000000000000ffffffcffffffffc000
0000000000000
unit CRU 000000000000f00000000000ffffffff0000000000000000000
0000000000000
unit BRU 0000000000000000ffffffff00000000000000300000003000
000000000fcc0
unit VEK1 0000000000000000000000000000000000000000000000000000
000ff00000000
unit VEK2 0000000000000000000000000000000000000000000000000000
000ff00000000
```

Die bekannten Cache-Parameter sind in Tabelle 7.3 angegeben. Für alle nicht ermittelbaren Parameter wurden die Standard-Einstellungen gesetzt. Der Prozessor ist ausgestattet mit 32 KKB Daten Cache, der 2-Wege assoziativ organisiert ist. Der Daten-Cache des PPC970 kann gleichzeitig zwei Lese- oder einen Schreibzugriff durchführen. Wir setzen hier die Anzahl der Ports auf zwei. Der PPC besitzt so genannte *Store queues* vor dem L2 Cache für acht 64-Bit-Werte. Diese modellieren wir durch Victim-Buffers.

```
Dcache associativity 2 pseudolru
Dcache victimsize 4 lru
Dcache blocksize 32
Dcache setsize 1024
```

```
Dcache granularity 8
Dcache writeback 0
Dcache writeallocate 1
Dcache accesstime 1
Dcache copyintime 1
Dcache copyouttime 1
Dcache ports 2
```

Ferner verfügt der PPC 970 über 64 KKB Befehlscache, der Direct Mapped organisiert ist.

```
Icache associativity 1 pseudolru
Icache victimsize 4 lru
Icache blocksize 32
Icache setsize 2048
Icache granularity 8
Icache writeback 0
Icache writeallocate 1
Icache accesstime 1
Icache copyintime 1
Icache copyouttime 1
Icache ports 1
```

Der L2-Cache ist unified (Daten und Befehle gemeinsam) bei einer Größe von 512 KKB und er ist 8-Wege assoziativ.

```
Scache associativity 8 pseudolru
Scache victimsize 0
Scache blocksize 64
Scache setsize 1024
Scache granularity 8
Scache writeback 1
Scache writeallocate 1
Scache accesstime 1
Scache copyintime 1
Scache copyouttime 1
Scache ports 1
```

Der PPC führt anders als MMIX die Adressübersetzung in einem zwei-stufigen Verfahren durch und trennt die TLBs nicht nach Daten und Befehlen. Wir schlagen hier jedem TLB die Hälfte seiner 1024 Einträge zu.

```
ITcache associativity 4 random
ITcache victimsize 0
ITcache blocksize 8
ITcache setsize 128
ITcache granularity 8
```

```
ITcache writeback 0
ITcache writeallocate 0
ITcache accesstime 1
ITcache copyintime 1
ITcache copyouttime 1
ITcache ports 1
DTcache associativity 4 random
DTcache victimsize 0
DTcache blocksize 8
DTcache setsize 128
DTcache granularity 8
DTcache writeback 0
DTcache writeallocate 0
DTcache accesstime 1
DTcache copyintime 1
DTcache copyouttime 1
DTcache ports 1
writeholdingtime 5
memaddresstime 20
memreadtime 20
memwritetime 20
membusbytes 8
```

Der Fetch Buffer bietet Platz für 32 Einträge und kann je Takt mit bis zu acht Befehlen gefüllt werden.

```
fetchbuffer 32
fetchmax 8
```

Fünf Befehle können gleichzeitig zugeteilt bzw. bestätigt werden. Die übrigen Werte sind geschätzt.

```
dispatchmax 5
commitmax 5
reorderbuffer 200
writebuffer 4
renameregs 120
memslots 2
localregs 512
peekahead 1
branchpredictbits 0
branchaddressbits 0
branchhistorybits 0
branchdualbits 0
```

Für die Konfigurationsmöglichkeiten der einzelnen Ausführungseinheiten setzen wir wiederum die Standardwerte ein.

```
mul0 10
mul1 10
mul2 10
mul3 10
mul4 10
mul5 10
mul6 10
mul7 10
mul8 10
div 60
sh 1
mux 1
sadd 1
mor 1
fadd 4
fmul 4
fdiv 40
fsqrt 40
fint 4
fix 2
flot 2
feps 4
```

Literaturverzeichnis

Diejenigen Seitenzahlen, auf denen die einzelnen Quellen im Buch zitiert werden, sind jeweils in eckigen Klammern angegeben.

[1] ANLAUFF, H., A. BÖTTCHER und M. RUCKERT: *Das MMIX-Buch – Eine praxisnahe Einführung in die Informatik*. Springer Verlag, Heidelberg, 1 Aufl., 2002. [16, 21, 23, 41, 50, 70, 72, 87, 93, 94, 154, 155, 188]

[2] BÖGEHOLZ, H. und A. STILLER: *Branch Prediction: How you can learn a lot about hardware by studying a piece of software*. Vortrag beim MMIXfest der Fachhochschule München am 6.10.2001, download: www.a20gate.com/mmixtalk, 2001. [100]

[3] BÖGEHOLZ, H. und A. STILLER: *MMIXfest and Branch Prediction – Vortrag beim MMIXFest der Fachhochschule München 5.10.2001*. www.a20gate.com, 10 2001. [97]

[4] BÄHRING, H.: *Mikrorechner-Technik. Band I Mikroprozessoren und Digitale Signalprozessoren*. Springer Verlag, Heidelberg, 3 Aufl., 2002. [16, 86, 99]

[5] BOOTH, R.: *Inner Loops*. Addison Wesley, Reading, Ma., 1996. [52]

[6] BOSCH, R. P.: *Using Visualization to understand the Behavior of Computer Systems*. Doktorarbeit, Stanford University, Berkeley, CA., 2001. [VII, 94]

[7] BRINKSCHULTE, U. und T. UNGERER: *Mikrocontroller und Mikroprozessoren*. Springer Verlag, Heidelberg, 1 Aufl., 2002. [86]

[8] BÖTTCHER, A.: *A Visualization Environment for Superscalar Machines*. Facta Universitatis, 17(2):199–208, 2004. [94]

[9] CARTER, N. P.: *Computerarchitektur*. mitp-Verlag, Bonn, 1 Aufl., 2003. [VII]

[10] COMER, D. E.: *Essentials of Computer Architecture*. Pearson Prentice Hall, 2005. [VII]

[11] CRAGON, H. G.: *Memory Systems and Pipelined Processors*. Jones and Bartlett Publishers, Boston, MA, 1 Aufl., 1996. [VII, 43, 98]

[12] FLYNN, M. J.: *Computer Architecture. Pipelined and Parallel Processor Design.*. Jones and Bartlett Publishers, 1995. [VII]

[13] GEPPERT, L.: *The new Indelible Memories*. IEEE Spectrum, (3):49–58, March 2003. [123]

[14] GIESELMANN, H.: *Duell der Taschenspieler – Sonys mobile Playstation jagt Nintendos Gameboy-Nachfolger*. c't, (5):168 ff., 2005. [5, 6]

[15] GRANLUND, T. und P. L. MONTGOMERY.: *Division by Invariant Integers Using Multiplication*. In: *ACM SIGPLAN Conference on Programming Language Design and Implementation (PLDI)*, S. 61–72. ACM Press, 1994. [86]

[16] HANTELMANN, F.: *Sterntaler –
Alternative Auswertung der
SPEC-CPU95-Resultate mit Starplot.*
iX, (1):128, 1999. [33]

[17] HENNESSY, J. L. und D. A.
PATTERSON: *Computer Architecture –
A Quantitative Approach.* Morgan
Kaufmann Publishers, San Francisco,
CA, 3 Aufl., 2003. [VII, 35, 36, 39, 57,
61, 65, 90, 109, 115, 116]

[18] IBM: *IBM PowerPC 970FX RISC
Microprocessor User's Manual.* 2005.
[195]

[19] JOHNSON, M.: *Superscalar
Microprocessor Design.* Prentice-Hall,
Englewood Cliffs, NJ, 1 Aufl., 1991.
[61, 77, 90, 91]

[20] KNUTH, D. E.: *The Art of
Computer Programming – Vol. 3:
Sorting and Searching.* Addison–Wesley
Pub. Co., Reading, MA, 3 Aufl., 1998.
[98]

[21] KNUTH, D. E.: *The MMIX
Architecture Simulator: A Testbed For
Buzzword-Compliant Pipelines.*
Computer Musings Lecture Series; see:
http://scpd.stanford.edu/knuth/, 1999.
[94]

[22] KNUTH, D. E.: *MMIXware: A
RISC Computer for the Third
Millennium.* Springer-Verlag, Berlin,
Heidelberg, 1 Aufl., 1999. [65]

[23] MARR, D. T., F. BINNS, D. L.
HILLS, G. HINTON, D. A. KOUFATY,
J. A. MILLER und M. UPTON:
*Hyper-Threading Technology
Architecture and Microarchitecture.*
Intel Technology Journal, 6(1):4–15,
Februar 2002. [168]

[24] MÄRTIN, C.:
*Rechnerarchitekturen: CPUs, Systeme,
Software-Schnittstellen.* Fachbuchverlag
Leipzig im Carl Hanser Verlag,
München, 1 Aufl., 2001. [VII, 116]

[25] MÄRTIN, C.: *Einführung in die
Rechnerarchitektur.* Fachbuchverlag
Leipzig, 2003. [VII]

[26] MUDGE, T.: *Power: A First-Class
Architectural Design Constraint.* IEEE
Computer, (4):52–58, 2001. [8]

[27] OECHSLE, R.: *Parallele
Programmierung mit Java Threads.*
Fachbuchverlag Leipzig, 2001. [22]

[28] PATTERSON, D. A. und J. L.
HENNESSY: *Computer Organization &
Design – The Hardware/Software
Interface.* Morgan Kaufmann
Publishers, San Francisco, CA, 2 Aufl.,
1998. [VII, 43]

[29] PEITGEN, H.-O. und P. H.
RICHTER: *The Beauty of Fractals.*
Springer Verlag, Berlin, Heidelberg, 1
Aufl., 1986. [188]

[30] RIEPE, M.: *Sternstunden – Neue
Version der SPEC-Testsuite:
CPU2000.* iX, (5):127–131, 2000. [33]

[31] SANDON, P.: *PowerPC 970: First
in a new family of 64-bit high
performance PowerPC processors.* IBM
technical note, 2002. [195]

[32] SCHNURER, G.: *Discovery 6 –
Intels Sternenschiff P6 im Detail.* c't,
(4):120 ff., 1995. [70]

[33] SHANLEY, T.: *Pentium Pro and
Pentium II System Architecture.*
Addison Wesley, Reading, MA, 2 Aufl.,
1997. [61, 78, 79, 80, 165]

[34] SHRIVER, B. und B. SMITH: *The Anatomy of a High-Performance Microprocessor: A Systems Perspective.* IEEE Computer Society Press, Los Alamitos, CA, 1 Aufl., 1998. [73, 75, 78, 85, 91, 116]

[35] STILLER, A.: *Architektur enthüllt. Von Pipelines, Sprungvorhersagen und Spekulationen.* c't, (8):230–236, 1995. [70]

[36] STILLER, A.: *Bei Lichte betrachtet. Die Architektur des Pentium 4 im Vergleich zu Pentium III und Athlon.* c't, (24):134 ff., 2000. [78, 86]

[37] STILLER, A.: *Speicherschieber Vom mühevollen Weg der Daten zwischen Prozessor und Speicher.* c't, (3):260 ff., 2000. [98, 142]

[38] STILLER, A.: *Hacker-Blocker. Das No-Execute-Feature - und wie Windows XP SP2 damit umgeht..* c't, (16):106, 2001. [161]

[39] WEISS, M. A.: *Data Structures and Algorithm Analysis in C.* Addison Wesley, 1997. [192]

[40] WINDECK, C.: *Speicherriegel enträtselt.* c't, (17):166–172, 2000. [127]

[41] WINDECK, C.: *DDR-Technik. Neue Speicherstandards für den PC, Teil2.* c't, (8):228–235, 2002. [126, 127]

[42] WINDECK, C.: *Gedächtnisvergrößerung. PC-Arbeitsspeicher erweitern – ein Leitfaden.* c't, (23):202–208, 2003. [126, 130]

[43] WINDECK, C.: *Richtungsstreit – Die 64-Bit-Pläne von AMD und Intel.* c't, (5):112–117, 2005. [13]

Index